KB156412

사랑받는 도시의 선택

사랑받는 도시의 선택

자기다움으로 혁신에 성공한 세계의 도시

최현희 지음

헤이북스

일러두기

- 이 책에 나오는 외래어는 국립국어원의 '외래어표기법'을 따르며 확인이 필요한 경우 한글과 원어를 본문에 병기하였다. 대부분 처음 등장할 때 1회 병기했으나, 주요 개념은 본문에 나올 때마다 반복해서 병기했다.
- 책에 언급한 해외 작품명은 국내에서 주로 사용하는 한글 표기를 따르되, 한글로 번역하여 표기 시 원어 작품명의 의도를 다 전달하기 어려운 경우 원어로 표기했다. 특히 음반 제목, 곡 제목 등 국내에서도 원어 사용이 더 일반적이라면 원어를 사용하였다.

프롤로그

당신은 어떤 도시에 살고 싶나요?

2015년 나는 전라남도 광주의 한 전통시장에 새로운 생명을 불어넣는 프로젝트에 기획자로 참여했다. 광주창조경제혁신센터와 현대자동차그룹이 함께한 '1913송정역시장 프로젝트'였다. 송정역전매일시장은 1913년에 송정역이 생기며 자연스럽게 형성, 오랫동안 사람들이 붐비며 지역 사회의 주춧돌 역할을 해 온 공간이다. 그러나 프로젝트를 위해 내가 처음 시장을 방문했을 때는 활기 넘치던 시장 모습은 상상조차 힘들었다. 시장에 들어서면 물이 질퍽한 진흙길이 이어져 어디에 발을 디뎌야 할지 조심스러웠다. 군데군데 있는 웅덩이에서 악취가 풍겼고 문을 닫은 가게가 많아 전체적으로 어두운 분위기였다. 어쩌다 열어 둔 가게 앞에는 노인들이 모여 앉아 마늘을 까고 있었고, 손님은 드물었다.

도시에서 시장은 지역 문화와 상업, 커뮤니티를 풍부하게 담아 내고 숙성시키는 품 넓은 옹기 역할을 해 왔다. 전통시장이 맞는 위기가 크게 놀랄 일은 아니지만, 그냥 지나칠 문제도 아니다. 시장의 쇠퇴가 주변까지 번져 슬럼화가 진행되면 지역 경제에 부담을 줄 뿐만 아니라 지역 공동체를 약화시킨다. 1913송정역시장 프로젝트는 단순히 오래된 시장을 복원하는 데 머무는 작업이 아니었다. 수많은 사람들의 기억과 역사가 담긴 공간에 새로운 생명을 불어넣는 일이고 지역 공동체를 지키는 일이었다.

목표는 분명했다. 시장이 간직한 풍부한 전통을 보존하며 새로운 세대의 방문을 유도하기 위해 현대적인 요소를 더하기로 했다. 각 상점 간판에 담긴 전통 등 역사적인 요소는 유지하며 가게 앞에 상인의 옛 사진과 가게의 시작에 대해 스토리텔링하여 소개했다. 상인 스스로 내부 청소를 더 자주하도록 했다. 새로운 방문객을 끌어들이려 상품 진열을 새롭게 하는 등 현대적인 디자인 요소도 도입하였다.

시장의 변화는 '변화를 위한 변화가 아니라 지키기 위한 변화'라는 철학에 따라 이루어졌다. 시장의 이름도 1913송정역시장으로 역사와 정체성을 유지하며 바꾸었다. 시장의 역사를 시각과 경험을 통해 느낄 수 있도록 디자인했다. 기존에 부족했던 먹거리 부분은 청년 상인 유치로 해결했는데 그와 함께 활기까지 더해졌다. 젊은 상인들은 참신한 아이디어와 혁신적인 제품을 선보이며 노련한 상인들의 지혜와 활기찬 젊은 세대의 창의성이 역동적으로 상호작용하는 시장을 만들었다.

KTX와 SRT가 개통되면서 주변 유동인구가 증가했고. 하루 최고 8000명의 방문객이 시장을 찾았다. 방문객이 기존보다 20배 증가, 도시 재생이 어떤 성과를 거둘 수 있는지 보여 주는 빛나는 사례로 자리매김했다. 1913송정역시장의 성공은 상인, 지자체, 기업 간의 협업이 얼마나 강력한 힘을 발휘하는지 보여 준다. 모두가 협력하여 시장의 풍부한 역사를 보존할 뿐만 아니라 새로운 세대의 방문객들에게도 흥미로운 공간을 만들었다.

이 프로젝트를 경험하며 도시 재생은 문화유산을 보존하는 동시에 미래를 포용하는 것이 중요하다는 나의 믿음이 더욱 확고해졌다. 문화예술을 통한 도시 재생에 더 깊은 관심이 생겼고 연구에도 힘을 쏟게 되었다. 그 후 지방 출자·출연기관인 문화재단으로 근무지를 옮겨서도 나는 도시와 문화예술을 지속적으로 연구하고 실행하는 일을 하였고, 위레스토리 박스 등 몇몇 문화공간을 만드는 데 참여하였다.

나는 항상 이런 질문을 마음속에 품고 있다. 우리는 어디에서 살고 싶은 걸까? 어떤 공간, 어떤 장소, 어떤 도시를 만들어야 우리 삶이 풍요로워지고 지속 가능할 수 있을까? 그러면서 이런 상상을 해 본다. 덥지도 춥지도 않은 어느 초저녁 해 질 무렵, 산책 중 가볍게 들러 흥미로운 작품을 볼 수 있는 갤러리가 있다면 어떨까? 친구와의 약속 장소로 이동 중 거리에서 우연히 버스킹을 만난다면 어떨까? 쇼핑하고, 쉬고, 즐기기 위해 집밖으로 조금만 나서면 흥겨움이 복작대는 도시라면 얼마나 좋을까? 문화예술은 도시에 활기와 생명력을 불어넣는다.

도시는 지금 급격한 변화의 기로에 서 있다. 그 어느 때보다 도시 혁신에 대한 방향성이 중요해졌다. 도시는 단순히 건물과 인프라의 집합체가 아니라 우리의 문화적 가치, 경제적 성장, 사회적 결속을 반영하는 살아 숨 쉬는 실체로 변화, 발전해야 한다. 도시의 활력은 단순히 미적 매력에서 생기는 것이 아니라 주거하는 도시민의 삶의 질을 풍요롭게 하고자 하는 노력에서 시작된다.

우리나라의 도시 혁신은 정부 주도의 사업 추진, 민간 부문의 토지 개발, 지역·지방과 각종 위원회의 참여가 결합되어 추진된다. 문화도시 선정을 통해 문화예술 활동을 도시 혁신의 요소로 끌어들이고 있기도 하다. 그러나 정치 논리로 프로젝트가 중단되고 단절되는 일은 여전히 빈번하게 일어난다.

서울 청계천 복원, 인천 국제 업무 지구 개발, 동대문 디자인 플라자 같은 문화 허브 조성 프로젝트는 도시 공간에 활력을 불어넣고 글로벌 도시로 이름을 알리는 도시 혁신의 성공적인 사례가 되었다. 이런 성공 사례가 나오기까지의 과정을 들여다보면 도전 과제가 드러나기도 한다. 특히 인구 감소로 도시 소멸 위기에 처한 지방 도시에게는 도시의 경쟁력이 절실할 수밖에 없다.

도시 혁신 프로젝트는 섬세한 접근이 필요하다. 현지 상황을 고려하지 않고 해외의 성공적인 모델을 그대로 답습한다면 최적의 결과는 나오지 않는다. 개별 이니셔티브의 연속적인 효과를 고려하지 못한 정책은 자원 낭비와 기회 상실로 이어진다. 또한 중요한 세부 사항을 간과한 프로젝트는 커뮤니티의 참여를 이끌어 내지 못해 지속가능성을 확보하지 못하는 일도 많다.

그동안 현장에서 일하며, 그리고 연구하며 국내외 다양한 사례들을 경험하고 분석했다. 도시 혁신에 성공한 여러 도시들을 살펴보니 공통점이 있었다. 문화예술을 통한 도시 혁신으로 도시의 경쟁력을 가질 뿐만 아니라 사람들이 진정으로 살고 싶고, 방문하고 싶고, 투자하고 싶은 도시를 만들기 위해서는 다음과 같은 네 가지 요소가 필수였다.

첫째, 문화예술적 자산이다. 도시는 고유한 문화유산과 예술적 활동을 활용해야 한다. 유적지 보존, 지역 예술가 육성, 주민과 방문객 모두를 끌어들이는 창의적인 분위기 조성이 필요하다. 한국 고유의 문화 자산은 활기찬 도시 공간, 세계의 공감을 불러일으키는 도시 공간을 구축하는 데 밑거름이 될 수 있다.

둘째, 지역 사회의 참여를 이끄는 조직화 작업이다. 도시 혁신, 도시 재생을 성공하려면 사람이 중심이 되어야 한다. 계획과 실행 과정에 지역 커뮤니티를 참여시킴으로써 그곳에 사는 사람들의 필요와 열망을 반영하고, 주인 의식과 자부심을 키운다. 주민들이 적극 참여하여야 도시 공간을 번창하는 커뮤니티로 변화시킬 수 있다.

셋째, 규정과 법규 등 행정적 지원이다. 성공적인 도시 혁신을 위해서는 강력하고 비전 있는 리더십과 효율적인 행정 체계가 필수다. 효과적인 거버넌스는 도시의 활력을 유지하는 데 필요한 인프라와 지원을 제공할 수 있어야 한다. 도시 프로젝트는 장기간 이루어지기에 혁신을 이룰 수 있도록 유연한 정책이 필요하다.

넷째, 관광객과 방문객 유치를 위한 활동이다. 전 세계, 타 도시의 방문객을 끌어들이는 일은 매우 중요하다. 이를 위해서는 랜드마크뿐만 아니라 풍부한 문화예술 행사, 활기찬 공공 공간, 다양한 관심사를 충족시키는 명소가 존재해야 하고, 서사로 회자되어야 한다.

이 책은 이러한 도시 혁신의 필수 요소를 제대로 구현해 성공에 이른 해외 사례들을 담고 있다. 소개하고 싶은 사례가 많았지만 서로 다른 장점을 살펴볼 수 있도록 문화예술 활동의 다양한 핵심 유형을 고루 골랐다.

역사적 자산을 보존하고 비틀즈라는 콘텐츠를 적극 활용한 영국 리버풀, 음악과 창의적인 커뮤니티 문화로 사람 중심의 문화예술 활동의 힘을 보여준 미국 오스틴, 환경과 조화를 이루며 변신에 성공한 뉴욕 리틀 아일랜드, 환경도 전통도 살리며 세계적인 문화예술 명소가 된 일본의 나오시마를 꼼꼼하게 들여다보고 샅샅이 분석했다. 그리고 네 개의 도시가 어떻게 성공할 수 있었는지를 한눈에 알 수 있도록 정리해 담았다.

이 사례들은 거대한 도시 계획 프로젝트가 아니다. 긴 여정을 뚝심 있게 추진하였을 때 시민들의 삶과 도시의 경쟁력에 어떤 변화가 생기는지 보여 주는 사례다. 이 책에는 도시 혁신을 통합적인 시각으로 생각할 수 있는 도구로 직접 고안한 '도시 혁신 다이아몬드 프레임워크'을 활용하고 있다. 필수 요소와 핵심 유형을 가지고 분석한 내용을 살펴보며 창조적 영감을 받을 수 있는 기회가 되기를 바란다. 세계 여러 도시의 성공 사례를 분석하고 책으로 펴내고자 했던 이유는 결국 우리나라, 국내 도시 혁신에 도움이 되었으면 하는 바람 때문이다.

도시 혁신을 추진할 때 문화예술 활동과 자산, 커뮤니티, 행정적 요소를 통합하는 총체적인 접근 방식 채택은 필수다. 한발 나아가 성공적인 해외 사례에서 배우고 지역 상황에 맞게 전략을 조정해야 우리의 도시가 활력을 얻어 지속 가능하고 글로벌 경쟁력을 갖춘 도시로 살아남을 수 있다.

불과 몇 년 전까지 사람으로 가득했던 거리에 빈 상가가 늘고 있다는 소식이 전국 곳곳에서 계속해서 들려온다. 인구 소멸과 도시 소멸의 시대, 살고 싶고 방문하고 싶은 매력적인 도시를 만들기 위한 사람들의 관심과 고민도 깊어지고 있다. 글로벌 성공 사례에서 영감을 얻어 우리만의 고유한 상황에 맞춰 독특함을 펼칠 수 있었으면 좋겠다.

이 책이 문화예술로 재미있는 도전을 꿈꾸는 사람들에게 영감을 전하고, 다양한 도전에 조금이나마 도움이 되길 바라는 마음이다. 더불어 지역 곳곳에 살고 싶은 도시가 늘어 내가 수집하고 분석하는 사례를 하나하나 더해 나갈 수 있기를, 그곳에 방문해 이야기를 나눌 수 있기를 기대한다.

차 례

4 __ 도시 혁신에 성공한 네 개 도시

5 __ 도시 혁신 사례, 다이아몬드 프레임워크 분석

6 __ 살고 싶은 도시 만들기

에필로그

1

도시의 시대

도시를 도시답게 만드는 문화예술 활동

국가보다 도시가 중요한 시대,
도시가 독보적 브랜드를 구축하고 살아남기 위해서는
그 도시만의 문화예술 활동이 필요하다.

푸른 하늘에 닿을 듯 높이 솟은 빌딩숲, 그 사이로 빠르게 이동하는 자동차, 바쁜 걸음으로 오가는 사람들. 도시를 생각할 때 흔히 떠올리는 이미지다. 이러한 모습 속에서 우리는 활발한 경제 활동은 물론 활기찬 에너지를 느낀다.

도시는 에너지가 넘칠 때 매력적이다. 더불어 편리성, 접근성이 더해지고 다양한 생활 시설, 문화예술 시설이 갖춰져 있을 때 사람들을 끌어들이는 힘이 한층 커진다. 이런 요소들을 바탕으로 도시는 인류의 삶에 풍요로움과 역동성을 선물하고 있다.

도시는 영어 단어로 살펴보면 그 뜻을 명확히 알 수 있는데, 시티City 또는 어반Urban 두 가지 단어를 주로 사용한다. 시티는 물리적인 형태로서의 도시의 외적인 모습을 의미한다. 어반은 도시 안에서의 생활 터전 또는 생활양식, 도시 인구의 집중 및 밀도 등의 의미로 사용하고 더 나아가 도시의 삶에 필요한 모든 것을 담은 기능적인 의미를 포함하는 개념이다.

이 책에서 다루고자 하는 도시 개발 또는 도시 혁신 역시 어반의 의미에 더 가깝다. 문화예술 활동과 네트워크까지 포괄하는 의미가 어반이다. 파리와 뉴욕처럼 전 세계 사람들에게 사랑받는 도시를 생각해 보면 더 쉽게 이해할 수 있다. 도시 이름을 들었을 때 바로 떠오르는 특징이나 이미지가 있는가? 그런 특징과 이미지는 어떻게 구현되었는가?

많은 사람들이 세계에서 가장 아름다운 도시로 꼽는 곳 중 하나가 바로 프랑스 파리다. 매년 수많은 관광객이 방문해 에펠탑부터 여러 왕조의 궁전, 유구한 역사를 품은 성당 등을 둘러본다. 또한 유명 상점이 즐비한 샹젤리제 거리를 거닐고 맛있는 음식까지 두루 즐긴다. 그러나 이 매력적인 도시 파리에서 사람들이 빼놓지 않고 가는 곳은 바로 세계의 문화예술 작품들이 모여 있는 루브르 박물관이다.

거장들의 작품을 볼 수 있는 미술관이나 박물관은 세계 곳곳에 많지만, 루브르 박물관이 특별한 데는 이유가 있다. 지구상에서 가장 유명한 그림, 죽기 전에 꼭 한 번은 봐야 하는 작품을 이야기할 때 사람들은 〈모나리자〉를 떠올린다. 그 〈모나리자〉가 바로 이곳 루브르 박물관에 있다. 〈모나리자〉 앞에 관람객들이 겹겹이 쌓여 작품을 감상하는 상황이 매일 벌어지고, 사람들은 작품을 보기 전에 그 광경에 먼저 놀라곤 한다.

루브르 박물관
안팎의 가치

레오나르도 다빈치가 그린 〈모나리자〉는 가로 53센티미터, 세로 77센티미터의 조그마한 작품이다. 이 귀족부인의 초상화는 전 세계에서 가장 유명한 미술품이자, 가장 가치가 높은 미술품으로 평가되고 있다. 프랑스 정부는 〈모나리자〉의 경제적 가치가 최소 한화 약 2조 3000억 원에서 최대 40조 원이라고 말한다. 이 가치는 단순 작품가가 아닌 작품의 명성과 인기에서 파생된 관광, 외교 등의 효과까지 계산한 것이다. 2018년 기준 루브르 박물관의 한 해 방문객이 약 1000만 명 정도인데 그 대부분이 〈모나리자〉를 보기 위해 루브르 박물관을 방문하기 때문이다.

그렇다면 사람들이 〈모나리자〉에 이토록 열광하는 이유는 단순이 작품성 때문일까? 그게 아니라면 다른 어떤 이유가 있을까? 〈모나리자〉는 레오나르도 다빈치의 시대를 뛰어넘는 혁신적 기술이 응축되어 있는 작품이다. 당시 초상화는 인물의 정면과 측면을 딱딱하게 담았는데 이 작품은 자연스러운 구도를

루브르 박물관에서도 <모나리자> 앞에 언제나 가장 많은 인파가 몰려 있다

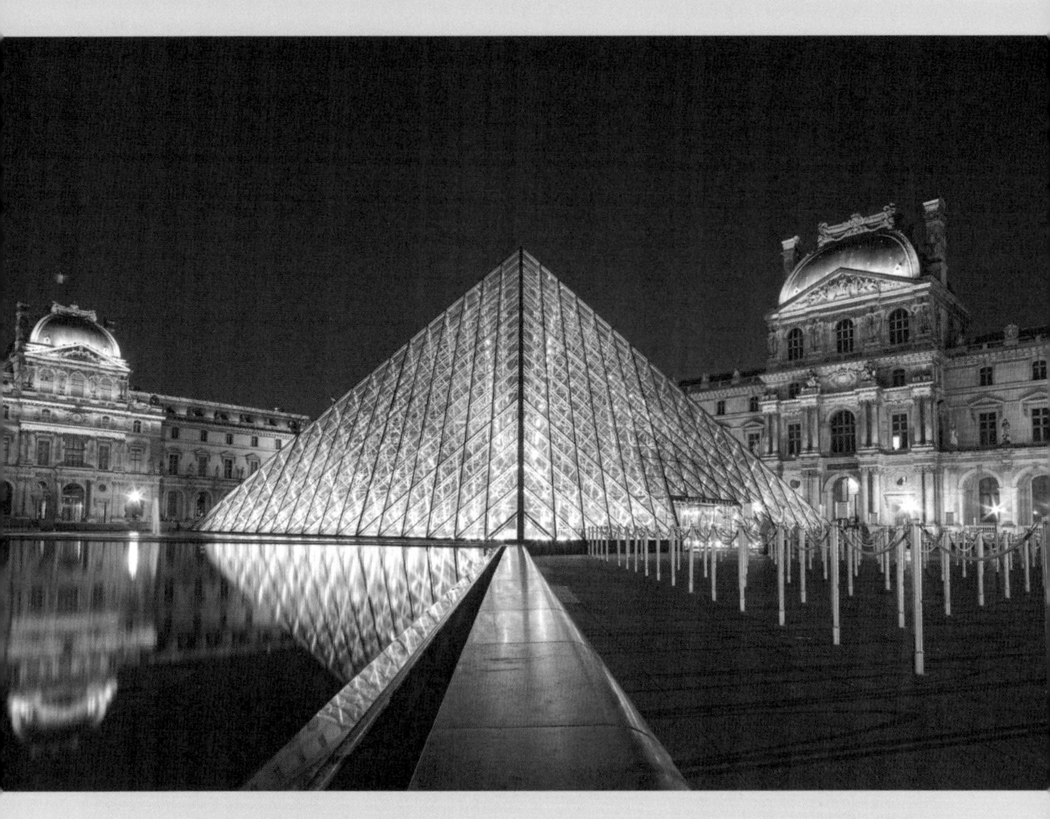

한 해 1000만 명이 찾는 루브르 박물관

보여 준다. 또 경계선을 번지듯 흐릿하게 처리하는 스푸마토 기법, 공간감이 느껴지는 원근법을 적용하여 한층 자연스럽고 생생하게 표현했다. 오늘날에는 당연한 요소들이지만 당시에는 놀라울 만큼 혁신적인 기법이었다.

그러나 오늘날 〈모나리자〉의 명성이 이런 작품 안 요소만으로 만들어진 것은 아니다. 처음 루브르 박물관에 전시될 때만 하더라도 여러 명화 중 하나일 뿐이었다. 〈모나리자〉가 세계에서 가장 유명한 작품이 된 계기는 1911년 일어난 도난 사건이었다. 루브르 박물관에 전시되어 있던 작품이 하루아침에 사라졌고 언론에서 이를 대서특필했다. 작품이 도난당하고 찾기까지의 과정에 사람들의 관심과 상상력이 더해지며 〈모나리자〉는 '유명한 것으로 유명한 작품Famous for being famous'이 되어버렸다.

물론 도난 이전에도 〈모나리자〉는 사랑받는 작품이었다. 프랑스 황제 나폴레옹은 이 작품을 침실에 걸어 둘 정도로 좋아했다고 한다. 르네상스 시대의 화가이자 미술사가 조르조 바사리는 "모나리자 입가의 미소는 살아 있는 인간보다 더 생생한데 살아 있지 않다는 것이 더 신기하다"라고 찬사를 남겼다. 그 후에도 여러 평론가와 작가들이 미스터리한 모나리자의 미소를 두고 다양한 해석을 펼쳐 사람들의 호기심을 자극했다. 또한 마르셀 뒤샹, 살바도르 달리, 리히텐슈타인, 앤디 워홀, 뱅크시 등 수많은 근현대 작가들이 〈모나리자〉를 패러디한 작품을 발표했다. 유명세는 나날이 더해졌다.

문화예술계 밖에서도 유명세는 힘을 발휘했다. 〈모나리자〉

를 보기 위해 수많은 사람이 루브르 박물관을 찾는 이유는 그곳에서만 감상할 수 있는 작품이기 때문이다. 그러나 딱 세 번 예외가 있었다. 프랑스 5공화국 드골 대통령 시절, 처음으로 작품이 바다를 건너 미국으로 갔다. 당시 프랑스와 미국은 외교적으로 불편한 상황이었다. 이에 미국 대통령의 부인이었던 재클린 캐네디가 요청하고 프랑스 문화부 장관이었던 앙드레 말로가 설득하여 1962년 12월부터 1963년 3월까지 〈모나리자〉의 공식 첫 해외 전시가 이루어졌다. 경직된 외교 관계를 타계하기 위한 방법이었다. 반응은 대단했다. 뉴욕 메트로폴리탄 박물관과 워싱턴 D.C. 내셔널 갤러리에서 진행된 전시에 엄청난 인파가 몰렸다. 뉴욕에서만 170만 명이 넘는 사람이 〈모나리자〉를 보기 위해 전시장을 찾았다.

그로부터 10년 뒤 두 번째 해외 전시가 이뤄진다. 일본 정부의 간곡한 요청에 따른 결과다. 약 두 달간 3만 명의 관람객이 몰렸고, 한 사람 평균 관람 시간은 10초에 불과했다. 세 번째 전시는 모스크바 푸시킨 미술관에서 열렸는데, 일본 전시와 연관이 있다. 소련은 일본 전시 계획을 발표 전에 입수했고 프랑스와 접촉한다. 당시 모스크바 푸시킨 미술관장이 펼친 논리는 이랬다. 일본 전시를 위해 작품을 수송하려면 소련 영공을 통과해야 하니 도쿄에서 파리로 돌아갈 때 모스크바에서도 전시를 하자는 것이었다. 이는 결국 성사되었다. 이처럼 정치적 대립과 갈등의 시대에 〈모나리자〉는 대화와 교류의 중심에 있었고 여러 외교적 성과를 이끌어냈다.

2017년 11월에는 아랍에미리트에 미술관 루브르 아부다비가 개관하였다. 아랍에미리트는 새로 개관한 미술관에 '루브르'라는 이름을 차용하여 프랑스가 오랜 시간 쌓아 온 문화예술의 격을 확보했다. 명칭을 사용하는 대가로 5억 2000만 달러, 루브르 박물관 소장품을 30년간 대여하는 대가로 9억 7000만 달러를 프랑스에 지불하기로 했다. 프랑스는 루브르 박물관을 통해 국가 정체성의 차별화를 확고히 하고, 문화적 가치뿐만 아니라 경제적 이익까지 얻었다. 총 14억 9000만 달러의 경제적 효과로 예술 자산을 활용하여 국가 파워를 확대한 사례다.

명실상부한
현대 문화예술의 중심지 뉴욕

문화예술을 통한 도시 혁신, 그리고 경제 효과를 이뤄낸 또 다른 도시가 있다. 바로 미국의 뉴욕이다. 뉴욕은 금융, 패션, 미술, 출판, 방송, 연극, 영화, 광고의 중심지로서 세계 경제와 문화 수도로 불릴 정도의 명성을 지녔다. 도시 곳곳에 수많은 미술관과 박물관, 연극 극단이 자리 잡고 있다. 처음부터 그랬던 것은 아니다. 1970년대 뉴욕은 오일쇼크로 재정이 파탄 난 폐허 같은 도시였다.

영화 〈배트맨〉의 매춘과 마약이 넘쳐나는 악명 높은 범죄 도시 고담 시티가 바로 황폐했던 옛 뉴욕의 모습과 비슷하다. 그 즈음 뉴욕에서는 한 해 동안 2300건 정도의 범죄가 일어났다. 범죄를 피해 80만 명에 가까운 인구가 뉴욕을 떠나 도심 공동화 현상까지 발생했다. 뉴욕시는 문제를 극복하기 위해서 여러 방면으로 노력했다. 그중 하나가 공연 산업을 부흥시키는 일이었고, 브로드웨이 쇼가 그 결과다.

뉴욕은 '텍사스에 석유가 있다면, 뉴욕에는 예술가가 있다'라는 슬로건을 내걸고 수많은 문화예술 단체를 위한 기금을 마련했다. 지금 뉴욕에는 2000개 이상의 문화예술 단체와 500개 이상의 크고 작은 아트 갤러리가 자리 잡고 있다. 뉴욕시의 문화예술 관련 지출이 미국 정부의 예술 기금 예산보다 많다는 말이 있을 정도로 뉴욕시는 많은 투자를 하고 있다.

정부의 투자에서 시작, 문화예술 기업이 모이고, 창조적 예술가와 관람객이 모이며 하나의 거대한 네트워크가 뉴욕을 배경으로 형성되었다. 그리고 뉴욕은 세계 문화예술의 중심지가 되었다. 도시의 독보적 경쟁력도 생겼다. 이를 바탕으로 뉴욕은 뮤지컬을 도시 브랜드의 자산으로 삼았다. 매력적인 도시 브랜드가 확립되면 관광객이 모이고 경제 발전의 발판이 되며 나아가 도시 전체를 이끌어 갈 수 있는 동력이 된다.

지금까지 파리와 뉴욕의 사례를 통해 문화예술이 어떻게 도시의 경쟁력을 높일 수 있는지를 살펴보았다. 영국의 건축 역사가 마크 기로워드Mark Girouard는 "도시라는 공간에는 사람들을 유인하기 위한 기능이 숨어 있고, 뒤에는 바탕이 되는 욕구가 숨어 있다"라고 말했다. 도시는 사람들의 욕구를 이해하고 그에 부합하는 도시의 매력을 돋보이게 하여 사람들을 불러 모아야 한다.

21세기에는 문화예술이 사람을 유인하는 가장 강력한 자산이다.

창조적 인재가 도시의 고유한 역사와 환경을 바탕으로 새로운 문화예술 콘텐츠를 생산해 낼 때 도시에는 활력이 생긴다. 이는 도시의 가치를 높이고, 도시에 고유성과 정체성을 부여한다. 도시 혁신은 여기에서 일어난다.

도시가 살아남기 위한 필수 요소, 문화예술

과거 인류의 역사에서 도시는 국가를 구성하는 요소 중 하나였다. 하지만 이제는 중요도가 달라졌다. 많은 경제학자와 인류학자들은 '21세기는 도시의 시대이며 도시가 국가를 앞설 것'이라고 말한다. 국가 경쟁이 아니라 도시 간 경쟁 시대라고들 한다. 경제 활동의 중심도 국가에서 도시로 옮겨 가고 있다. 패러다임이 바뀌고 있는 시대다. 세계의 도시들은 살아남기 위해 도시 가치를 높이는 데 여러 노력을 쏟는다. 도시 경쟁력을 높이는 방법을 찾고, 도시 혁신에 성공한 곳을 벤치마킹하고자 하는 움직임이 활발하다.

빅데이터, 클라우드, AI로 이어지는 4차 산업혁명 시대, 여러 분야에 거센 변화의 바람이 불고 있다. 도시 변화의 범위와 속도 역시 빨라졌다. 수많은 도시가 변화 속에서 살아남기 위해 그 도시만이 가지고 있는 고유의 자산이 무엇인지 파악하고, 그것을 정비하고 더 발굴하려 노력한다. 도시라는 거대한 숲 안에서 정치, 경제, 사회, 역사, 문화예술 등 여러 분야의 에너지가 유기적으로 영향을 주고받으며 생동하는 모습이 하나의 생명체처럼 보인다. 그중 오늘날 도시 중심의 시대를 이끄는 원동력은 문화예술 분야다.

문화예술은 이제 더 이상 개개인의 표현의 방법과 도구에 머물러 있는 존재가 아니다. 도시의 정체성과 고유성을 하나의 브랜드로 만들어 주는 주요한 요소이다. 또 도시와 그 안에 살아가는 사람들이 더 활기차게 미래를 이어갈 수 있도록 해 주는 중요한 가치이다.

21세기는 '문화예술'로 통하는 시대이다.
도시의 문화예술이 융성해야 도시의 발전과 혁신도 가능하다.

도시는 인류의 생산 활동이 활성화되고 경제 활동이 일어나며 탄생했다. 시간이 흐르며 도시 간의 교역이 활발해지며 교역 기능만을 목적으로 하는 도시도 생겨났다. 경제 활동과 규모가 커지면서 도시의 수는 더욱 늘어났고 점차 도시의 형태도 다양해졌다. 도시는 정치, 경제, 사회, 문화예술 기능을 수행하며 저마다 도시가 가지고 있는 고유의 성격이나 특징이 더욱 견고해지기도 하고 희미해지기도 했다. 시대의 변화

속에서 더 커지고 발달하는 곳도 생기고 쇠퇴하고 사라지는 곳도 생겼다.

초기 도시는 농업, 상업, 공업과 같은 산업 체계를 중심으로 기능했다. 그러다가 경제가 활성화되고 사회가 복잡해지며 사회, 정치, 역사, 문화예술 등 다양한 기능을 수행하게 된다. 이 중 문화예술은 도시에 사는 이들과 도시를 찾는 이들에게 흥미를 더하고, 도시의 매력을 높이며, 더 나아가 삶의 에너지를 찾을 수 있는 매개체 역할을 했다. 유무형을 넘나들며 도시를 아름답게 만들고 활기차게 하는 힘이 바로 문화예술 활동에서 나온다.

그렇다면 문화예술 분야가 활성화된 시기는 언제부터일까. 이에 대한 의견은 다양할 수 있는데, 여기서는 그 시작을 고대 로마 시대로 거슬러 올라가 보고자 한다. 또 고대 로마 시대는 도시의 발전이 두드러지기 시작한 시점이라 할 수 있다. 고대 로마는 도시에서 출발하여 국가를 초월할 정도로 거대한 제국을 형성, 로마제국이라 불렸다.

로마의 위용은 짧고도 유명한 한 문장 '모든 길은 로마로 통한다'로 남아 있고, 이 말은 지금까지 여러 분야에서 널리 쓰인다. 이 문장은 실제로 모든 길이 로마를 중심으로 닦여 있음을 뜻하는 동시에 사회, 문화적인 모든 것들의 중심이 로마였음을 뜻한다. 고대 로마제국은 도로를 정비해 여러 나라로 길이 통하도록 만들었다. 로마로 연결되는 도로가 370여 개 정도였으며 이 길이 8만 킬로미터에 달했다고 한다. 이 길은 고대 로마제국의 중요한 자원이기도 하였다.

사방으로 뻗은 길을 통해 전파된 문화

로마에서 사방으로 뻗은 길은 로마제국이 주변 도시들을 다스릴 수 있는 기본 원동력이 되었다. 이 길은 정치, 경제, 군사적 통치는 물론 자신들의 문화예술 전파에도 유용했다. 고대 로마제국 문화의 근간이 된 그리스 헬레니즘 문화는 고대 로마제국의 길을 통해 비로소 주변 도시국가 곳곳으로 퍼져 나가 큰 영향을 주었다.

로마는 강력한 군사력으로 그리스를 정복했으나 그때 차지한 것이 영토만은 아니었다. 찬란했던 그리스 문화 역시 사라지지 않고 로마에 스며들었다. 로마제국은 그리스 문화와 헬레니즘 문화 등을 종합하여 서양 고대 문화를 완성했으며, 실용적이고 현실적인 특성의 문화를 발전시키고 전파했다. 이는 미술, 음악, 문학, 역사, 철학, 수사학, 지리학, 의학, 과학 등 기초 학문 전 분야의 밑바탕이 되었고 로마의 길을 통해 유럽 곳곳에 퍼져 나갔다. 그때의 문화유산은 도시 국가였던 고대 로마제국은 물론 중세와 근대, 현대를 아우르며 유럽의 지성인과 예술가에게 영감의 원천이 되었고 지금까지도 문화예술의 바탕이 되고 있으니, 여전히 모든 길은 로마로 통하고 있는지도 모르겠다.

그러나 강력했던 로마제국도 영원할 수는 없었다. 로마제국의 멸망 이후 서유럽은 거의 모든 면에서 쇠퇴하는 모습을 보이는데, 이때를 중세 암흑기라고 한다. 깊은 어둠의 시간을 지나면 빛의 시간이 오는 것이 세상 이치다. 중세 암흑기를 거친 유럽에는 서서히 르네상스 시대가 열린다. 이때 유럽에서는 정치, 경제, 사회, 문화예술과 철학 등 다양한 부분에서 큰 변화가 일어나고, 도시가 발달하기 시작했다. 경제적 능력이 있고 자유로운 분위기의 도시가 형성되면서 문화와 경제가 크게 발전하는 계기가 되었다. 도시는 르네상스의 꽃이 되었다. 역사상 가장 찬란한 문화예술 부흥기, 1420년부터 이어진 르네상스 시대의 중심에는 이탈리아의 도시 피렌체가 있다.

가장 화려하게 꽃핀 문화예술, 피렌체와 르네상스

피렌체를 중심으로 꽃피운 르네상스 문화는 베니스와 밀라노, 로마, 그리고 1500년 전후에는 유럽 전역으로 퍼져 나갔다. 르네상스 시대의 절정이었다. 그렇다면 르네상스의 중심이 된 피렌체에는 어떤 특별함이 있었을까? 이탈리아 중부 토스카나의 도시 피렌체는 15세기 초 메디치 가문이 통치한 도시 국가이다. 당시 메디치 가문은 중상주의 교역으로 축적한 부를 문화예술 분야에 아낌없이 투자했다. 재능 있는 예술가, 작품을 만드는 공방 등을 지원해 그 어느 때보다 활발한 작품 활동이 이 시기에 일어났다. 이러한 흐름은 피렌체의 재력가들에게도 영향을 주었다. 재력가들은 예술과 학문에 관심을 갖고 앞다투어 예술가를 지원했다.

경제적 풍요와 문화예술 활동 지원으로 이탈리아 각지에서 뛰어난 재주를 지닌 예술가와 사상가, 학자들이 피렌체에 모여들었다. 수많은 예술가가 피렌체에 공방을 두거나, 피렌체의 길드 혹은 기업 소속으로 활동했다. 피렌체 경제를 움직이는 부유층, 정치인과 행정부에 속한 사람들, 종교 기관, 명망 있는 지주 가문과 상인 귀족 등 힘과 재력을 가진 사람들은 경쟁하듯 더 뛰어난 작품을 갖고 싶어 했다. 작품 의뢰와 함께 이어진 지원과 후원 속에 여러 분야의 예술가들은 오직 작품에만 몰두할 수 있었다. 그 결과 피렌체의 문화는 더 찬란하게 꽃피웠다.

메디치 가문을 중심으로 한 지배층과 부유층의 적극적인 지원 결과 1504년부터 1508년 사이 피렌체에서는 이탈리아뿐만 아니라 역사에서 가장 칭송받는 화가들이 탄생했다. 바로 레오나르도 다빈치, 미켈란젤로, 그리고 라파엘로다. 르네상스 시대를 이끌었던 뛰어난 예술가들이 같은 시대, 같은 공간, 피렌체에서 활동했다. 이들이 피렌체에 머물던 시기에 르네상스 시대 문화예술은 절정에 다다른다. 그 당시 피렌체는 문화예술 분야에 있어서 '세계의 학교'라 불릴 정도였고 이러한 분위기는 17세기까지 계속 이어졌다.

중세 상업 도시로 발돋움한 피렌체는 문화예술에 적극 투자하며 혁신을 이뤄 냈다. 그 결과 어디에서도 볼 수 없는 수준 높은 걸작인 건축물과 조각상, 회화 작품, 성당 벽의 프레스코화, 어두운 성당 안에 도금된 아이콘 신화와 알레고리를 그린 회화 작품, 초상화, 풍경화, 정물화를 보유한 도시가 되었다.

피렌체의 문화예술 자산은 시대를 넘어 오늘까지 사람들을 불러 모으고 있다. 르네상스 시대 작품이 빼곡한 우피치 미술관은 메디치 가문이 기증한 건물에, 메디치 가문이 기증한 작품으로 채워져 많은 사람들이 작품 관람을 위해 방문한다. 그러나 사실 피렌체에서는 미술관 안이 아니더라도, 어디서든 뛰어난 작품을 만날 수 있다. 거리거리가 모두 예술품이다. 피렌체 중심에 있는 두오모 성당부터, 산 조반니 세례당, 조토의 종탑, 단테의 생가와 시뇨리아 광장, 베키오궁과 베키오 다리, 미켈란젤로 광장까지 르네상스 시대부터 바로크 시대까지의 아름다운 건축물이 거리 곳곳에서 빛나고 있다. 피렌체의 문화예술역사지구는 그 전체가 1982년 유네스코의 세계문화유산에 등록되었다.

유럽 전역에 영향을 준 피렌체의 문화예술 지원

이탈리아의 작은 도시 피렌체가 지금까지 문화예술로 사랑받는 도시가 된 배경에는 예술가에 대한 지원책의 역할이 크다. 지금은 정부와 기업의 문화예술계 지원이 낯설지 않지만 당시로서는 혁신이라고 할 수 있는 일이었다. 피렌체는 문화예술을 재산적 가치로만 본 것이 아니라 하나의 중요 정책으로 삼고 적극 투자했다. 특히 예술가의 다양한 활동에 대한 가치를 인정했다. 당시 화가였던 지오토 디 본도네를 도시의 '예술 외교관'격의 자리에 임명하여 활발하게 활동할 수 있도록 하는 등 파격적인 지원책이 이어졌다.

르네상스 시대 이후에도 피렌체의 문화예술 활동 지원 정책은 흔들리지 않았다. 건축과 조각, 장식 미술, 회화에 이르는 거

중세의 모습을 간직하고 있는 피렌체 전경

의 모든 예술 분야에 꾸준히 투자했다. 이런 적극적인 지원 덕에 오늘 피렌체는 유럽의 문화수도라는 이름을 얻었다. 유럽의 많은 도시가 피렌체를 따르고자 했고, 시간이 흐른 지금까지도 피렌체는 세계 예술사의 가장 중요한 한 부분을 차지하고 있다.

미국 도시학자 조엘 코트킨은 저서 《도시, 역사를 바꾸다》에서 도시의 존립에 대한 타당성을 이렇게 설명한다. 도시는 방문객들에게 강한 인상을 심어 주는 갤러리와 독특한 상점, 활기찬 거리 생활 그리고 증가하는 관광객을 상대하는 산업으로 이어질 때 존립할 수 있다고 말한다. 코트킨의 주장에 이탈리아의 피렌체를 비춰보면 르네상스 시대부터 시작된 피렌체의 문화예술 활동이 피렌체라는 도시를 이끈 원동력임을 느낄 수 있다. 피렌체의 예를 통해 성공적인 도시 혁신은 시대가 바뀌어도 그 가치가 사라지지 않음을 알 수 있다. 우리가 유럽의 오래된 도시를 찾아 감탄하며 골목을 걷는 이유이기도 하다.

《공간과 장소》를 쓴 지리학자이자 인문학자인 이-푸 투안은 피렌체를 창조적인 생산 공간이라고 말한다. 피렌체는 타 도시와는 구별되는 정책과 지원으로 도시 인지도를 높이고, 유럽의 문화예술을 대표할 만한 긍정적 이미지를 만들었다. 그 결과 도시로 사람들을 유입할 수 있었고, 문화예술 관계자와 예술가에게 친화적인 환경을 구축할 수 있었다.

피렌체를 중심으로 구축된 문화예술 활동 지원과 육성은 중세시대를 지나 현대에 이르러서도 유럽 곳곳에 영향을 주었다. 그중 하나가 그리스 문화부장관이었던 멜리나 메르쿠리가

1983년 제안한 '유럽문화수도 프로젝트'이다.

이 프로젝트는 아테네를 시작으로 매년 유럽연합 회원국 도시 중 한 곳을 선정하여 1년 동안 집중적으로 문화 행사를 전개하는 방식으로 진행된다. 유럽문화수도로 선정된 도시에서 진행하는 문화 행사는 사회와 경제 모두에 긍정적인 영향을 미쳤다. 그 결과 유럽 도시들은 문화수도로 선정되기 위해 사전 유치 활동을 적극 벌이는 등 뜨거운 관심을 보였다. 그동안 나왔던 문화를 이용한 도시 재생, 도시 혁신 전략 가운데 성공으로 평가받는 정책 중 하나이다.

문화예술 유산은 도시의 오늘을 책임지는 귀중한 자산이며, 미래의 예술 활동과 창작으로 이어질 수 있는 자양이다. 도시를 구성하는 요소들이 잘 어우러졌을 때 도시는 지속적인 발전을 꾀할 수 있다. 피렌체의 경우처럼 도시 속에서 피어오르는 문화예술 활동과 작품은 단순한 요소가 아니라 도시를 더 밝고 혁신적으로 이끄는 역할을 한다. 모든 길은 로마로 통하였듯 모든 도시는 문화예술로 통한다는 것을 보여 준다. 과거 고대 로마제국의 영광, 르네상스 시대의 문화예술이 현재까지 길을 따라 그리고 도시를 따라 우리와 함께하고 있다.

창조도시에 필요한 창조계급

오늘날의 도시 혁신, 창조도시는 창조의 인간 호모 크레아토와
유희의 인간 호모 루덴스가 함께할 때 가능하다.
어떤 도시가 그들의 창조성을 이끌어 낼까?

생각하는 인간 호모 사피엔스Homo Sapiens, 물건을 만드는 인간 호모 파베르Homo Faber, 인류의 본질을 학자마다 다르게 바라보고 표현한 말들이다. 21세기에 들어서면서 각광받는 것은 창조의 인간 호모 크레아토Homo Creator와 유희의 인간 호모 루덴스Homo Ludens이다.

호모 크레아토와 호모 루덴스는 도시의 혁신을 주도하는 중

심이라 할 수 있다. 창조도시가 추구하는 지향점과 이 두 인류의 특성이 겹치는 부분이 많다. 여기서 말하는 창조도시란 창의적인 아이디어를 실행하고 이용할 수 있는 곳이다. 이들은 기존 도시와는 다른 도시 혁신과 변화 과정을 보여 준다.

창조도시는 '창조'라는 단어에 담긴 의미처럼 창조성과 상상력을 발휘하여 숨어 있는 도시의 자원을 발굴해 새로운 가치를 부여하는 데 초점이 있다. 즉 도시 안에 담긴 창조성을 찾아내고 그것을 도시의 경쟁력을 위한 동력으로 사용하는 것이다. 유무형의 문화예술 자산에 담긴 창조성을 어떻게 풀어내느냐에 따라 도시 혁신의 성공 여부가 결정된다.

21세기의 시작과 함께 새로운 시대를 예측하며 창조적 콘텐츠의 중요성을 모두 강조했다. 그리고 21세기의 사분의 일을 지나온 지금도 창조도시에 대한 관심은 식지 않고 있다. 창조도시가 주요 이슈가 된 것은 21세기에 접어들어서이지만, 사실 그 이전부터 여러 학자들이 창조도시에 관심을 갖고 이야기해 왔다. 이번 글에서는 창조도시에 대한 다양한 견해를 살펴보고자 한다.

창조도시란 무엇일까?

먼저 창조도시의 개념을 알아보자. 도시계획가이자 언론인인 제인 제이콥스는 1961년 출간한 책《미국 대도시의 죽음과 삶》에서 도시를 다양성과 개성, 창의와 혁신의 가마솥으로 묘사했다. 제인 제이콥스는《도시와 국가의 부》에서 뉴욕, 도쿄 등 세계의 대도시가 아니라 볼로냐, 피렌체 같은 중소 도시를 주요 대상으로 창조도시를 이야기하자고 말하면서 주목받았다. 산업사회가 지식정보사회로 변하며 빠르게 세계화가 진행되었다. 창의도시는 그 안에서 차별화된 도시의 정체성을 확립하기 위한 새로운 도시 패러다임이자, 도시 성장 전략 모델이라는 것이 제인 제이콥스의 주장이다. 그의 주장대로 창조도시는 창조성과 상상력을 발휘하여 숨어 있는 도시의 자원을 발굴해 새로운 가치를 부여하는 데 초점이 있고, 지금도 이를 위해서 노력하는 도시들이 많다.

이번에는 도시 전략 컨설턴트 찰스 랜드리의 목소리를 들어

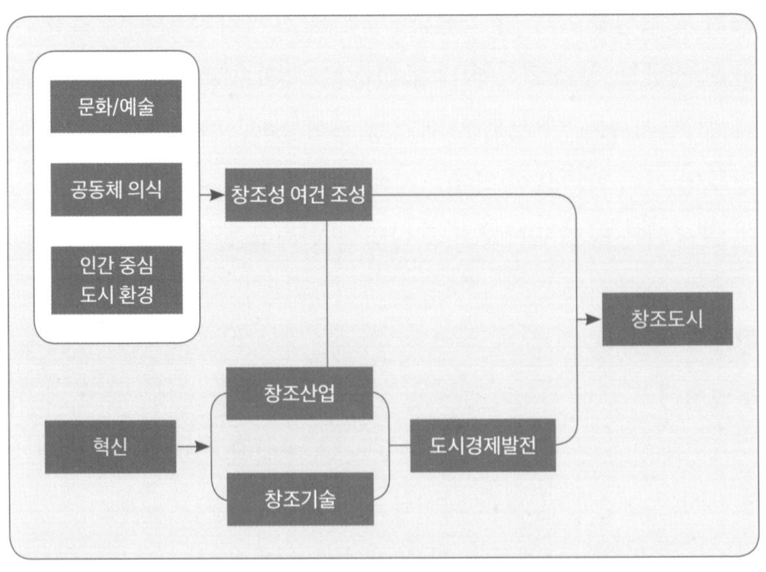

∴ **제이콥스의 창조도시 조건과 요소(원제무, <창조도시의 의미 및 창조성 요소>, 2010)**

보자. 그는 책《창조도시: 도시 혁신을 위한 도구 상자》에서 창조도시에 대해 이렇게 이야기한다. '예술과 문화가 지닌 창조성에 근거하여 사회의 잠재력 제고와 창조적인 문화 활동을 영위할 수 있는 문화에 관한 인프라가 갖추어진 도시'가 창조도시이며, 도시재생과 도시혁신이 나아가야 할 방향이라고 하였다. 특히 창조도시를 만들기 위한 창조적 원천으로 '문화예술'을 강조하면서 도시에서 그 중요성이 높아지고 있다고 주장한다. 이는 인간에게 통찰력을 제공하고, 그로 인한 다양한 영향력을 제공하기에 문화예술은 도시의 의미가 형성되는 프리즘이고 또한, 창의성의 강력한 원천이라고 할 수 있다. 즉, 문화예술은 도시 발전을 위해 꼭 필요한 요소이자 지금보다 더 나은 도시, 상상력이 풍부한 도시로 나아가는 원동력이고, 자산임을 강조하였다.

미국의 도시경제학자 리처드 플로리다는 창조도시를 가리켜 창조계급이 선호하는 환경을 체계적으로 갖추고, 도시 개성과 길거리 문화, 하위문화 등 다양한 취향을 포용할 수 있는 관용성과 개방성이 있는 도시라고 설명했다.

일본의 도시연구학자 사사키 마사유키가 이야기하는 창조도시에 대해서도 살펴보자. 그는 인간의 자유로운 창조적 활동은 창조성이 풍부한 문화와 산업을 만드는데 이는 '대량생산이 아닌 장인정신으로 유연하고 혁신적인 도시경제 시스템을 기반으로 움직이는 도시'에서 가능하고 이런 곳이 창조도시라고 했다.

지금까지 창조도시에 대한 세계 곳곳의 학자와 전문가의 견해를 살펴보았다. 모두 공통적으로 강조하는 것이 있다. 창조도시는 도시에 내재되어 있거나 발견되는 창조적 기능과 활동 능력을 갖춘 도시를 일컫는다는 점이다. 즉, 도시에 거주하는 도시민 또는 도시를 이용하는 이용자들이 자유로운 창조성을 발휘했을 때 그것을 바탕으로 하는 문화와 산업의 창조성이 풍성해진다. 경직된 생각으로 기존의 가치에 의존하지 않고 유연한 가치관과 창조 정신을 시스템에 적용하는 도시가 창조도시다.

다양한 관점에서 본 창조도시의 요건

20세기 제조업 경제체제의 방식으로는 21세기 지식 정보화 경제체제의 패러다임의 변화에 대응할 수 없다는 위기감에서 창조도시는 출발했다. 도시가 가진 문제를 해결하고 거주자와 방문자의 삶의 질을 높이는 지속 가능한 사회를 구축하기 위해서, 도시가 가진 자산에 창조성을 발휘하며 차별화된 새로운 가치를 창출해야 할 필요를 느낀 것이다.

그렇다면 창조도시가 되기 위해서 갖춰야 할 조건은 어떤 것일까. 창조도시를 주창했던 제인 제이콥스는 혁신과 임기응변을 통해 조건 변화에 빠르고 유연하게 대응할 수 있는 중소도시 시스템을 강조한다. 이와 함께 대량생산에서 벗어나 풍부한 문화적 다양성과 혁신적인 효율성으로 자기 변화 능력을 갖추어야 한다고 말한다. 1960년대 미국의 대도시 쇠퇴와 도시 공동화 현상을 지켜본 결과 획일성이 아니라 창조성을 갖춘 도시가 경쟁력을 얻는다는 것이 그의 주장이다.

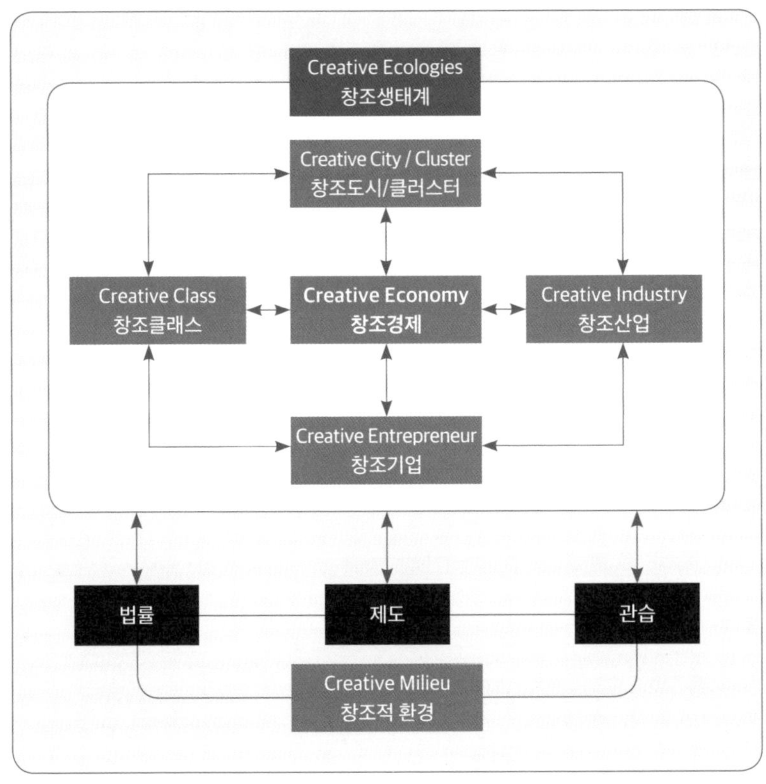

∴ **창조경제 구성 요소와 상호 관계(이정훈 외, <한국형 창조경제와 일자리 강국>, 2011)**

리처드 플로리다는 관용Tolerance, 창조적 인재Talent, 첨단 기술Technology을 창조도시의 요건으로 들었다. 이에 맞게 예술가만이 아니라 하이테크와 소프트웨어 산업종사자를 창의적인 시각으로 바라보았고, 창조도시의 지표로 활용했다. 더불어 창조도시의 요건으로 도시의 개방성과 창조성을 강조했다.

한편 찰스 랜드리의 이론에서 창조도시는 어떠한 구체적인 형상으로 보이는 존재가 아니라, 행동을 위한 하나의 슬로건 같은 지향점을 제시하는 것이다. 그는 창조도시의 요건으로 눈에 보이지 않은 영역과 시스템 구축에 더 집중하면서 강조한다. 찰스 랜드리는 창조도시의 요소로 다음 7가지를 꼽았다. 개인의 자질, 의지와 리더십, 다양한 기관의 존재와 다양한 재능에의 접근, 조직문화, 확실한 지역 정체성 확립, 도시 공간과 시설, 네트워킹의 역동성 구비다.

일본의 사사키 마사유키는 예술인, 과학자, 일반인, 장인들과 함께 문화예술을 향유하는 모든 시민도 자유롭게 창조 활동을 할 수 있어야 창조도시라고 보았다. 이는 도시민들이 능동적으로 활동할 때 더 만족도가 높다는 사실을 강조한 것이다. 또한, 창조적 환경을 만들기 위해서는 쓸모 있고 문화적으로 가치가 있는 상품과 서비스가 생산될 수 있도록 풍부한 지원을 해야 한다고 이야기했다. 이를 위해 생산이 일어나는 장소와 사무실 등의 작업 환경도 창의적으로 바뀌어야 한다고 주장한다. 더불어 도시민이 생활하는 일상 속 환경도 예술적으로 바뀌어야 한다고 보았다. 이를 위해 도시민에게는 충분한 소득, 여가를 위한 시간 확보가 필요하다고 설명한다. 여기에 최고의 품질을 가진 상품이 소비 가능한 가격으로 공급되어야 하고, 전시 관람과 같은 문화예술 활동도 합리적 가격으로 향유할 수 있어야 한다고 지적했다.

이밖에도 여러 기관에 과학과 예술과 같은 창조적인 활동을 지원하는 기능을 수행해야 함을 언급했다. 역사적인 문화유산과 도시의 자연환경을 보존하기 위한 환경 정책도 강조했다. 쾌적한 도시 분위기를 조성하여 시민들이 감수성을 높이고 창조성을 적극적으로 펼칠 수 있도록 하기 위해서다.

사사키 마사유키의 주장은 요즘 시대 도시에 꼭 필요한 요건들이다. 도시의 지속적인 발전을 강조하고, 도시를 지원하여 경제적 기반과 자립할 수 있도록 하자는 것, 창조도시를 창조적이고 통합적인 도시의 정책, 문화, 산업, 환경을 포함하는 복합적이고 융합적인 시각에서 바라보았던 점이 오늘날 우리가 추구하는 도시 혁신의 방향과도 가장 유사하다고 볼 수 있다.

창조도시의 필수 요소

창조계급

지금까지 창조도시와 창조도시를 조성할 때 필요한 조건을 알아보았다. 이번에는 창조도시에서 가장 중요한 창조계급에 대해서 다루려고 한다. 창조계급은 호모 크레아토와 호모 루덴스가 함께할 때 가장 이상적이다. 이러한 창조계급에 대한 구체적 이론을 제시한 학자는 리처드 플로리다이다. 그의 이론은 도시 경영과 국가 경영뿐 아니라 광범위한 분야에 영감을 준 개념이다. 리처드 플로리다가 말하는 창조계급은 이방인과 게이 같이 '나와 다른 사람'에 대한 포용력을 갖춘 진보적인 사고를 갖춘 이들이다. 그는 이들에 대한 시민 사회의 태도는 도시의 미래 발전 가능성과 밀접한 관계가 있다고 주장하였다.

특히 창조도시 연구자들은 문화예술이 지닌 창조적인 역량을 이용하여 사회가 가지고 있는 역량을 유도하는 유럽 소도시의 활동에 주목했다. 문화예술 인프라가 갖춰져 있고 그 속에서 자유롭고 창조적인 문화예술 활동이 일어나는 도시들이 혁신적 아이디어가 필요한 기술지식 집약 산업을 보유한다고 보았다. 더 나아가 창조계급을 양산한다.

리처드 플로리다가 말하는 창조계급을 구체적으로 살펴보자. 그들은 과학, 기술, 건축, 디자인, 교육, 예술, 음악, 오락 등 창의적 활동에 종사하며 창의적으로 좋은 아이디어를 만들어 내는 사람들이다. 또한 경제, 사회, 문화 등의 분야에서 역동성을 만들어 내는 예술적, 과학적, 전문적인 노동 집단이다. 창조적 아이디어로 경제활동의 주체가 되고 핵심이 되는 이들을 가리켜 창조계급이라 하였다. 리처드 플로리다는 이 창조계급을 슈퍼 창조계급 Super Core Class과 일반 창조계급Creative Professionals으로 분류한다.

슈퍼 창조계급은 창조적 업무에 종사하는 새로운 상품과 소비재 개발 능력을 지닌 집단으로 과학자, 엔지니어, 프로그래머, 교수, 소설가, 예술가, 배우, 디자이너, 건축가 등이 이에 속한다. 반면 일반 창조계급은 고전적 의미의 전문 지식인이자 지식체계에 의존해 창조적 문제를 새로운 접근 방법으로 해결하는 집단이다. 이를테면 관리, 경영, 회계, 법률, 금융업 등 광범위한 지식집약형 산업 종사자를 일컫는다. 이들은 자유롭고 개인주의적 라이프 스타일을 추구하며 문화예술 활동에 관심이 높고, 새로운 경험을 할 수 있는 실험적이고 도전적인 활동에 적극적으로 참여하려는 성향을 지녔다.

이밖에도 리처드 플로리다의 정의보다 더 확대된 창조계급 이론도 있지만 여러 이론 사이에는 공통점이 있다. 창조적 시각으로 자신의 영역에서 활동하는 이들, 즉 호모 크리에이터들을 가리킨다고 볼 수 있다. 그리고 요즘은 더 나아가 창조도시 안에서 문화예술 활동으로 직접적인 작품이나 작업물을 생산하는 그룹이 아닐지라도 자신의 삶 안으로 문화예술 영역을 끌어들이고 간접적으로 이용하는 그룹, 즉 유희의 인간이라고 칭할 수 있는 호모 루덴스 그룹도 창조계급의 한 부류로 보기도 한다.

이처럼 창조도시 안에서 창조계급이 종사하거나 또는 경험을 하는 분야를 가리켜 창조산업이라고 할 수 있다. 2008년 UNCTAD(유엔무역개발회의 보고서)에서 기술한 정의를 보면 창조산업은 다음과 같은 몇 가지 특징을 나타낸다.

첫째로 창조산업은 창조적인 콘텐츠와 경제적 가치와 시장성을 가지고 있는 유무형의 상품과 지적·예술적 서비스 상품을 만드는 일종의 지식 기반 활동들로 구성된다. 더불어 반드시 수익을 창출해야 한다. 두 번째로 창조산업은 공예, 출판, 음악 등의 활동부터 TV 및 라디오, 뉴미디어, 디자인 등의 활동까지를 포함한다. 즉, 전통적인 예술부터 기술 집약적이고 서비스 지향적인 활동까지 아우른다. 마지막 세 번째로는 이러한 활동 영역이 개인부터 대기업에 이르기까지 다양하고 유연한 모듈형 시장 구조로 되어 있다는 사실이다.

이러한 특징을 갖는 창조산업에 대한 구분은 학자와 기구, 국가마다 각각의 관점이나 상황에 의해 다양하게 정의하고 분류한다. 리처드 플로리다의 견해 중 눈여겨볼 부분은 무엇보다 창조도시를 만드는 데 필요한 내부 자산 중 인력으로서 창조계급의 존재를 중요하게 여기는 점이다. 창조적인 도시를 이루는 핵심 요소는 혁신적이고 개방적이며 유연한 사고를 지닌 창조적인 지역공동체와 창조계급이라고 생각한다. 이런 창조계급의 폭이 두터운 도시는 경쟁력에서 앞서갈 수밖에 없다고 보았다.

또한 창조도시는 사회적 관용과 포용을 지니고 다양한 주체와 계층 간의 개방적이고 협력적인 문화의 다양성을 공유한다. 미국의 볼티모어, 피츠버그 같은 도시는 세계적인 수준의 대학들을 품고 있고 뛰어난 기술을 갖추고 있었지만 창조적 인재를 수용하지 못하면서 혁신에 실패했다. 리처드 플로리다가 관용을 강조하는 이유다.

창조계급은 개방적인 창조도시로 모이고 이들이 모였을 때 창조산업이 육성될 수 있다. 그리고 도시의 경쟁력 또한 높아진다. 당연한 메커니즘이다. 외부 환경에 대한 개방성으로 다양한 문화가 인정되고 이를 교류, 혁신, 창조의 자원으로 활용할 수 있다. 자연스레 새로운 문화와 경제가 창출될 확률이 높아진다.

지금까지 창조도시와 창조계급 그리고 그들이 포함되어 있는 창조산업에 대해서 두루 훑어보았다. 도시의 경쟁력은 개방적, 창조적 환경 속에서 자유롭게 사고할 수 있을 때 강화된다. 그래야 창조계급이 모여들고 유연한 사고로 다양한 주체와 협력하여 경제적 성장을 이루어 창조도시를 만들 수 있다.

지난 20세기에 인류에게 최대의 부를 가져다 준 산업이 노동

집약의 산업이었다면, 21세기에는 정보기술의 도입과 확산을 바탕으로 한 창조적인 산업으로 패러다임이 변화했다. 그 중심에는 문화예술 활동이 있다. 이미 창조경제의 패러다임이 시작되었다. 창조계급의 창의성과 상상력을 융합하는 창조 정신은 도시 발전의 핵심요소다.

더불어 창조도시의 핵심 구성원인 창조계급을 직접적인 결과물을 내는 호모 크레아토에서 문화예술 영역의 창조물을 즐기고 활용하는 호모 루덴스까지 포함하는 것이 창조도시를 만들고 도시를 혁신하는 데 있어서 꼭 필요한 부분이라고 생각한다.

도시, 문화예술 영역을 스토리텔링하다

사랑받는 도시가 되려면 도시민과 방문자 모두에게
공감을 불러일으킬 수 있는
이야기를 만드는 작업이 무엇보다 중요하다.

서울역 근처에 가면 시선을 사로잡는 것이 있다. 서울스퀘어 건물 전면을 가득 채운 미디어 파사드이다. 정장을 갖춰 입은 사람, 가방을 든 사람, 원피스를 입은 사람, 반바지를 입은 사람 등이 어딘가를 향해 걷고 있다. 무척 세련되고 경쾌해 보이는, 현대인을 상징하는 모습이다. 도시에 살아가는 사람들을 상징하는 이 작품은 간결하고 명료한 선으로 담아낸 줄

리안 오피의 <워킹 피플>이다. 이밖에도 반 고흐, 인사이드, 문경원, 뮌, 김신일 등의 작품이 10분 간격으로 돌아가며 도시 한가운데 전시된다. 밤의 도시를 밝히는 작품 덕분에 그 주변을 지나는 이들의 마음에도 빛이 하나 켜지는 기분이 든다.

미디어 파사드는 LED 조명, LED 디스플레이 등을 건물 외벽 같은 넓은 공간에 설치해 미디어 콘텐츠를 전달하는 미디어 캔버스이다. 광고, 마케팅을 위한 상업용 홍보 분야에서 주로 사용했는데, 공공예술 영역에서도 활용하며 개념이 넓어졌다.

여러 도시에서 고층 빌딩에 미디어를 활용하여 시각적 즐거움과 새로운 경험을 제공하고 있다. 시대에 맞게 도시의 문화예술 활동이 확장되고 있는 것이다. 별도의 전시장이나 공연장을 찾지 않아도 거리를 오가며 문화예술을 만나고 즐길 수 있도록 하는 공공예술은 도시 안에 살고 있는 사람들의 마음을 풍요롭게 한다.

우리는 도시에 살면서, 혹은 시설을 이용하면서 의식하지 않더라도 도시의 정취에 빠질 때가 있다. 그저 걷는 것만으로 기분이 좋아지거나 우연히 본 건물이나 조각 예술품에 마음이 가기도 한다. 문화예술을 통해 삶이 다채로워진다. 더 나아가 그 경험을 다양한 방식으로 기록하고 새로운 창작으로 발전시키기도 한다. 이것이 21세기 창조도시에 사는 이들의 모습이며, 앞에서 말한 호모 크레아토와 호모 루덴스에 부합하는 인류의 특징이다. 도시 안에서 이루어지는 문화예술 활동은 삶의 만족도를 높이는데 큰 영향을 준다.

도시,
예술을 즐기는 방법

도시는 많은 이들이 주거하는 공간이고 생존을 위한 경제활동을 하는 터전이다. 한편으로는 자아실현과 사회적 공생을 위해 노력하며 살아가는 곳이다. 생존과 생계를 위한 곳이지만 그것만으로는 충족되지 않는 것들이 있다. 문화예술을 향유하며 자신만의 방법으로 기록하며 또 만들어 나가는 일이 그 부족한 부분을 채워 준다. 이제 도시에서 문화예술은 단순히 창작자를 위한 영역이 아니라 도시 속에 더불어 살아가는 사람들 모두를 위한 것이다. 더불어 도시에는 이런 문화예술 활동을 중심으로 살아가는 사람들이 서로 소통하고 교류할 수 있는 시스템을 갖추는 일도 필요하다. 도시에서의 삶은 정치, 사회, 경제, 역사, 교육, 정책 등 여러 분야에서 영향을 주고 또 받으며 함께 숨 쉬는 것이다.

도시 속에서 살아가는 이들의 모습이 이렇다면, 도시를 재생하고 또 혁신하기 위해서는 어떤 부분을 고려해야 할까. 도시 안에서의 삶이 생존만으로 충족되지 않고, 문화예술 활동에 대한 욕구가 차지하는 부분이 크다는 사실을 항상 염두에 두어야 한다. 지금 시대의 중심은 문화예술이고, 문화예술 활동이 삶의 질을 높이는 역할을 한다. 이제 도시에서의 문화예술은 단순히 예술 행위로뿐만 아니라 이를 실행하고 공유하기 위한 기본적인 설계 단계부터 중요하게 생각해야 한다. 과거 단순히 빌딩 앞에 있는 조각 또는 빌딩 로비에 있는 미술작품 등을 감상하는 문화예술 활동에서 더 나아가 함께 즐기고, 함께 그리고, 함께 기록하는 이들이 지금을 살아가는 인류이기 때문이다.

도시에서 살아가는 인류의 속성을 알 수 있는 조사 하나를 소개하려 한다. 영국의 싱크탱크 센터포시티의 연구이다. 사람들이 거주지를 결정할 때 무엇을 중요하게 생각하는지를 알아보기 위해 다양한 연령층을 대상으로 조사를 했다. 조사 결과 중 눈에 띄는 부분이 있었다. 25~34세 사이의 청년층은 거주지를 결정할 때 문화시설에 대한 접근성을 중요한 요소로 생각한다는 점이었다. 문화예술을 가장 활발하게 이용하는 청년층에게는 직장과의 거리나 다른 편의시설 이상으로 문화예술이 삶에 큰 비중을 차지한다는 의미로 볼 수 있다.

지금 사람들이 도시의 문화예술에 기대하는 것은 경제적 효과만이 아니다. 그 도시에 살아가는 사람들에게도 의미 있는 문화예술을 원한다. 문화적 삶을 실현하고, 도시에서의 존재 가치를 확립하고 싶어 한다. 이제 도시 혁신을 꾀할 때 문화예술 활동의 영역을 구축하고 문화 중심지로 자리 잡을 수 있는지를 먼저 고려해야 한다.

도시
스토리텔링

SNS를 통한 소통이 활발해지면서 전 세계적으로 청소년은 물론 청장년층까지 자신의 경험을 온라인상에 기록하고 자랑하는 일이 일상이 되었다. 이를 통해 개인의 취향을 드러내기도 하고 단순한 감상을 넘어 다양한 방법으로 창작의 과정을 즐기기도 한다. 사람들에게 문화예술은 더 이상 관람의 대상이 아닌 삶의 일부다. 도시 혁신을 위해 일하는 사람들, 이해관계자들은 이런 변화를 간과해서는 안 된다.

예를 들어 한 사람이 유명 가수의 콘서트를 간다고 해 보자. 콘서트에 가는 행위는 단순히 공연을 보는 소극적 활동에 머물지 않는다. 공연장까지 가는 교통의 편리성, 공연장의 외관과 주변 풍경, 무대 디자인 설치, 공연장의 조명과 음향 시스템 등에 두루두루 관심을 가지고 관람하고 이용한다. 그리고 이를 SNS 채널 등을 통해 기록하고 전파하는 등 능동적 활동을 즐긴다. 곧 예술가의 활동만이 아니라 이를 즐기는 자신의 삶도 하나의 콘텐츠로 소비한다. 일상생활과 문화예술 영역의 경계가 나뉘어 있지 않다.

이것이 바로 21세기 도시 혁신에서 창조도시를 지향하는 이유이다. 창조계급인 호모 크레아토와 문화예술 향유를 삶의 일부로 여기는 호모 루덴스의 활동은 서로 연결되어 있다. 이를 조화롭게 할 수 있는 통합 공간 또는 복합 문화예술 공간을 만들어야 하는 이유이기도 하다.

즉 공연장, 전시관, 박물관 등의 문화예술 영역은 물론 이를 이용하는 이용자의 접근성을 높이기 위한 교통과 편의시설, 그리고 주변 환경의 개선, 서비스 구축 등 여러 분야를 하나로 융합하는 설계와 같은 프레임워크가 필요하다.

그동안 문화예술에서 장소는 예술인이 작품을 펼치는 곳, 관객이 작품으로 소통하는 곳으로 단순한 공간 개념이었다. 그러나 최근에는 문화예술의 영역이 소비 장소의 개념으로 더 확장되었다. 도시에서 문화 소비 장소로 문화유산, 자연경관, 문화센터, 영화관, 광장, 놀이동산, 야외 공연장, 도심 공원 등이 활용되고 나아가 카페, 베이커리, 골목길까지 포함하고 있다. 소규모의 창의적인 소매업의 장소에서도 소비와 생산이 함께 이루어지는 상황이다.

그중 골목길이 문화 소비 장소로 부각된 것은 2010년 전후다. 골목길을 중심으로 한 미식 투어, 근대사 문화 투어, 시티 투어 등의 콘텐츠가 생겨났다. 대표 장소로 서울에는 해방촌, 익선동, 북촌 등이 있다. 서울뿐 아니라 지방 도시에도 골목길 바람이 불었었다. 부산 감천 문화마을, 통영 동피랑, 군산 근대사 거리, 전주 한옥마을 등이 대표적인 곳으로 손꼽힌다. 문화 소비 장소는 곧 골목길, 또 골목길은 핫플레이스로 연결되며 '핫플레이스'라는 단어가 유행하기도 했다. 이러한 공간을 주로 즐기고 향유하는 계층은 30~40대 밀레니엄 세대다. 이들은 경제적으로 생산의 주체이며, 또 사회적으로 소비와 문화 향유를 주도하는 계층이다.

핫플레이스의 등장과 SNS 활성화는 시기가 겹친다. 사람들은 SNS에서 일상을 공유하기도 하고 새로운 장소나 이색적인 장소를 찾았던 경험을 나눈다. 즉, SNS를 하면서 자신의 스토리를 만들어 가는 사용자와 수용자가 증가하는 모습이다. 어린 시절 일기를 쓰듯 SNS에 자신의 생각과 경험을 글과 사진, 영상으로 표현하고 올린다. 이들에게 도시를 경험하며 발길을 멈추게 하는 모든 것들은 스토리의 일부가 된다. 자신이 직접 느끼며 발견한 경험을 기록하며 스토리텔링을 완성하는 것이 아닐까 하는 생각이 든다. 과거에는 유명한 장소를 찾는 것이 주된 스토리텔링이었다면, 지금은 유명한 장소가 아닐지라도 마음을 건드리는 지점이 있다면 바로 SNS에 올릴 소재가 된다. 도시 혁신을 위해 필요한 장소가 꼭 거창하고 유명한 무언가가 아니라는 사실을 보여 주는 예이다.

SNS의 영향력이 커지며 자신만의 이야기를 갖는 일이 더 중요해졌다. 스스로의 이야기를 스토리텔링하고, 잘 전해지도록 표현하고, 보여 주는 일에 많은 사람들이 동참하고 있다. 나만의 이야기를 담을 공간이 누구나 다 아는 유명 장소일 필요는 없다. 그래서 자신과 결이 맞는 흥미로운 콘텐츠가 있는 곳이라면 그곳이 바로 스토리텔링의 장소이며, 문화예술 활동의 자원이 된다. 이러한 인류의 성향은 도시의 이미지를 변화시키는 데 긍정적인 영향을 준다.

도시 혁신의 패턴을 도시의 장점, 즉 개성과 고유성을 중심으로 잡아야 한다. 도시 혁신과 재생의 패러다임도 변화하고 있다. 우리는 도시의 외형적 발전 단계를 지나서 문화예술 분야를 어떻게 잘 풀어 가느냐가 도시 혁신의 중요한 열쇠가 되는 시대를 살고 있다. 크고 높은 빌딩을 세우는 토목 중심의 개발이 아니라, 문화예술 영역을 모두가 공유하고 향유할 수 있도록 기능을 확대하는 일이 중요하다. 우리가 머물고 싶은 공간이 도시 안에 존재해야 한다. 공연장, 문화예술회관, 박물관, 도서관, 미술관 등에서 일어나는 문화예술 활동이 더 중요해지고 있다.

문화예술에 대한 갈망은 인류가 지닌 본성이며, 이를 잘 활용한 도시들이 중세 르네상스의 중심이 된 도시이지 않을까 생각한다. 르네상스의 도시들은 각 도시가 가지고 있는 고유한 문화예술 분야의 특이성을 잘 찾아내 도시의 발전을 이끌었다. 이런 특징은 지금까지 이어져 피렌체, 볼로냐, 베네치아, 밀라노 등의 여러 도시를 이끌고 있다. 또한 지금의 도시들이 어떻게 혁신해야 하는지 방향을 제시한다.

삶의 길을 잃을 때 우리가 고전 문학으로 돌아가 그 답을 얻어 돌아오듯 도시를 혁신하면서 길을 잃는다면, 중세 르네상스의 도시로 들어가 그 해답을 찾아보는 것도 한 방법일지 모른다. 가장 창조적이었다고 평가되는 그 시절 문화예술 안에는 도시가 추구해야 할 유산과 경험이 축적되고 구조화되어 있다. 이제 우리가 살아가는 도시 중심의 시대는 국가 주도의 대규모 문화예술 영역의 활동이 아니라 작은 도시가 가지고 있는 유무형의 문화예술 자원을 활용하는 것이 중요하다. 도시만의 고유한 자원을 하나의 일관된 방식으로, 매력적으로 풀어 낼 수 있는지가 관건이다.

과거에는 도시의 외연적 발전, 외적인 성장에 집중했다. 이제는 각각의 도시 안에 담긴 문화예술을 바탕으로 창조적 콘텐츠를 만드는 일에 집중하고 있다. 이를 통해 고유의 정체성을 더욱 또렷하게 할 수 있고, 도시의 발전을 지속하는 구심점을 만들 수 있기 때문이다. 도시 중심의 시대를 살아가면서 우리는 문화예술을 기반으로 도시의 지속적인 비즈니스 기반을 구축해 도시 경제화를 활성화할 수도 있다.

창조도시를 위해 도시민과 방문자 모두에게 공감을 불러일으킬 수 있는 이야기를 만드는 일은 도시의 생명력을 더하기 위해 무엇보다 중요한 작업이다. 이를 위해 문화예술 분야의 여러 콘텐츠를 활용하여 도시를 활성화하고 도시 경쟁력을 높이고, 도시를 대표하는 브랜드가 될 수 있도록 하나의 프레임워크를 만드는 일이 필요하다. 그리고 도시의 프레임워크를 만들기 위해서는 도시 혁신을 성공한 사례들을 살펴보는 일이 선행되어야 한다.

2

도시, 변화가 필요한 순간

도시 혁신의 모멘텀, 타이밍의 미학

도시는 변화의 타이밍을 놓쳐서는 안 된다.
지속적인 발전을 위해 필요한 순간 적절한 정책을 취하는 일,
도시 발전의 모멘텀이다.

인류는 700만 년의 역사를 이어 오면서 수많은 문화유산을 남겼고, 그 유산들과 함께 발전했다. 문화예술 역시 그러한 유산 중 하나다. 축적된 문화유산이 발전하는 기술과 만나 새로운 패러다임을 만들기도 한다. 이런 변화는 도시의 발전을 이끌기도 하고, 도시의 쇠퇴를 맞이하게도 하였다.

도시의 역사와 호흡해 온 문화예술 유산이 단순히 역사적 의

미만 갖고 있는 것은 아니다. 우리의 삶을 더 풍요롭게 하고, 또 다른 문화예술 활동을 촉발시키는 원동력이 된다. 또한 시대와 세대를 뛰어넘어 도시의 상징이 되고, 도시의 고유한 정체성이 된다. 하지만 모든 도시가 변화의 순간 성공적인 모멘텀을 맞이하는 것은 아니다. 한때 과거의 시대적 영광을 품고 있는 도시일지라도 가지고 있는 고유한 정체성을 잘 풀어 내지 못한다면, 쇠퇴의 길로 갈 수밖에 없다.

도시에도 인간처럼 생애 주기가 있다. 인간의 생처럼 탄생의 순간이 있고, 성장의 순간, 그리고 발전의 순간이나 쇠퇴와 지속 가능의 기로에 선 순간이 도시에도 있다. 때로는 도시의 발전이 멈춰 정체기를 맞거나, 상황이 나빠지면 쇠퇴해 소멸로 갈 수도 있다. 도시가 쇠퇴 또는 소멸하지 않고 성장과 발전을 향해 나아가기 위해서는 도시 스스로 변화하거나 혁신해야 할 시점을 놓쳐서는 안 된다.

도시가 발전하기 위해서는 이해관계자들의 니즈를 먼저 잘 파악해야 한다. 도시에서 도시민과 도시 사회가 처한 절박한 문제를 먼저 인식하고, 그 문제를 풀기 위한 패러다임을 구축하는 일이 필요하다.

현명한 선택이 필요한 순간

인류의 주력 산업이 제조업과 서비스산업에서 첨단산업, 문화산업, 지식산업으로 변화했다. 이에 선진국 도시들은 산업 중심의 기능에서 벗어나 새로운 도시 모델을 모색했고, 도시의 모멘텀이 시작되었다. 이러한 현상은 20세기 말 급속히 진행된 정보 기술의 도입과 확산으로 산업 시스템이 지식 경제로 변화한 결과이다. 산업 형태가 제조업이나 생산업에서 변화하여 지식과 정보산업으로 바뀌면서 패러다임이 완전히 바뀌었다.

이어서 우리가 현재 살아가는 21세기는 지식과 정보에서 더 나아가 창조경제, 창조 인력을 강조하는 창조산업 패러다임으로 진화하였다. 지식과 정보산업에 인간의 창조력과 상상력을 더 필요로 했다. 더 나아가 국가 중심에서 도시 중심의 시대가 열렸다. 도시마다 새로운 도시 모델을 만들 수 있지만, 성공한 곳들에는 공통점이 있었다. 여러 학자, 실무자들은 이구동성으로 창조성을 꼽으며 창조성을 도시에 적용할 때 도시의 지속적 성장이 가능하다고 보았다.

그동안 도시의 외적인 성장에서 치중했다면, 이제 도시와 창조가 만나 더 내실 있는 문화예술 분야 중심의 창조도시를 향하여 나아가고 있다. 이에 발맞춰 도시 발전과 도시 혁신을 계획하고 실행하면서 창조성을 바탕으로 한 도시 발전의 타이밍을 놓치지 않으려는 방안을 마련하려 노력 중이다. 창조도시에 대해서 학자나 단체마다 제시하는 기준이 다르지만, 여기서는 유네스코의 요건을 살펴보려고 한다.

유네스코는 문학, 영화·음악, 공예·민속예술, 디자인·미디어아트, 요리 7개 분야를 주제로 창조도시를 선정한다. 문화 인프라 및 창조 활동 수준을 기준으로 평가하는데, 유네스코는 그중 볼로냐를 변화의 모멘텀을 잘 잡은 창조도시로 꼽았다. 도시 혁신을 통해 볼로냐가 창조도시로 거듭나기까지의 과정을 간략하게 살펴보자.

오래된 문화유산을 지킨 볼로냐의 선택

볼로냐는 오래된 중세 성곽에 둘러싸여 있는 도시이다. 성곽 밖에는 현대적인 주거지와 공장지대가 들어서면서 발전했다. 그러나 성곽 안은 볼로냐 대학을 중심으로 도심 전체에 옛 건물들이 빽빽하게 들어서 있다. 중세도시의 옛 형태를 간직한 모습으로 사랑받는 이탈리아의 소규모 도시이다. 우리나라에서는 스파게티 또는 가죽가방으로도 유명한 도시이고, 세계 곳곳에서 찾아오는 관광객이 끊이지 않는 도시이다.

하지만 볼로냐는 도시가 존폐 위기를 겪을 정도로 당장 앞날이 어떻게 될지 모르는 상황을 직면했었다. 소멸할지도 모르는 절체절명의 운명 앞에 선 볼로냐가 도시 발전의 모멘텀을 맞이한 때는 1995년이었다. 그해 유럽연합이 2000년 유럽문화수도로 볼로냐를 지정했다. 볼로냐는 도시 발전의 모멘텀을 꾀하며 5년 후에 열릴 유럽문화수도 행사를 훌륭하게 개최하기 위해서 '볼로냐 2000'이라는 프로젝트를 추진했다.

이 무렵 볼로냐는 이탈리아에서도 빈민이 많고, 궁핍해 희망을 찾기 힘든 쇠락한 도시로 꼽혔다. 중세 르네상스의 찬란했던

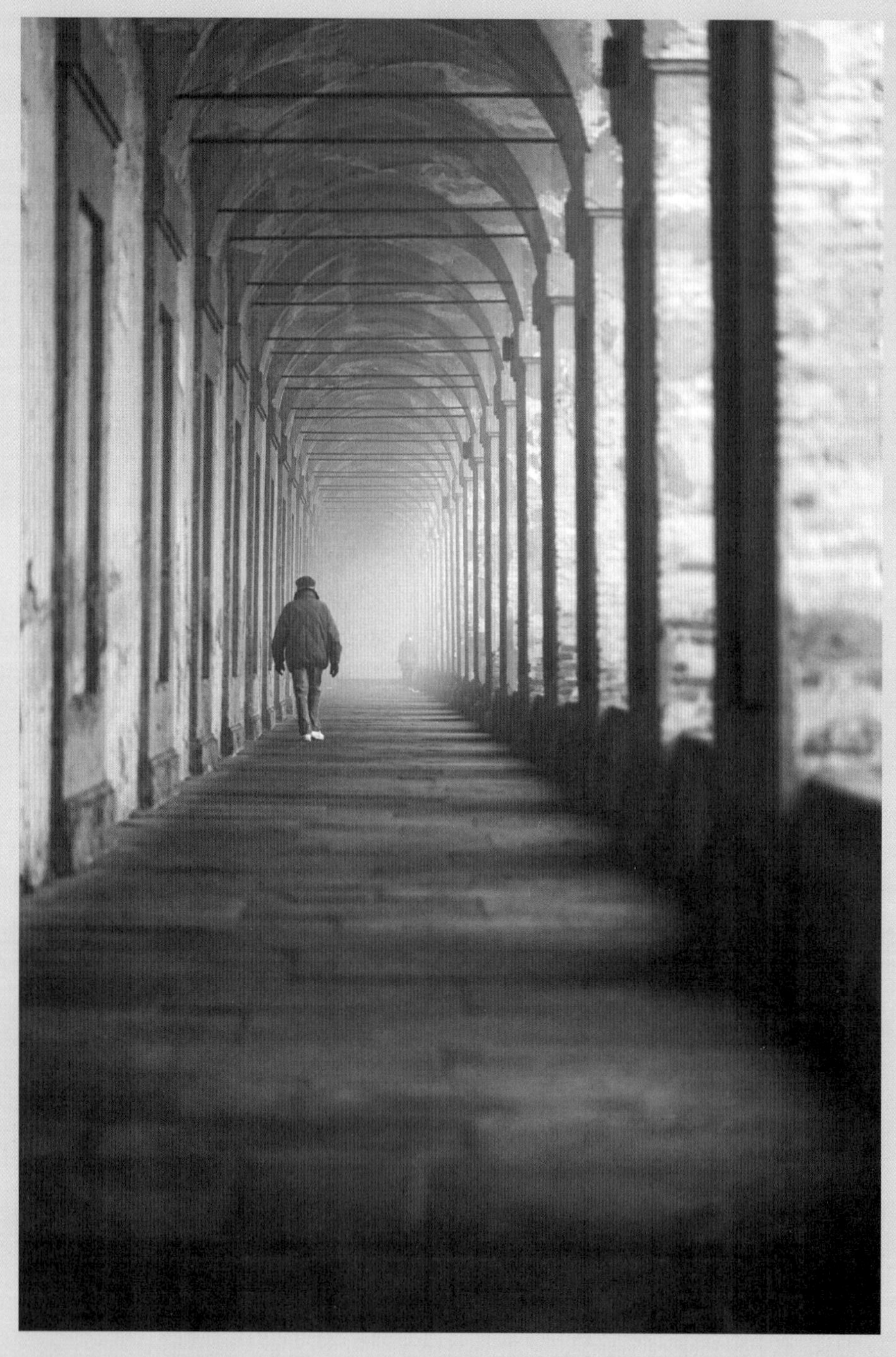

중세시대의 분위기를 간직하고 있는 볼로냐의 포르티코

과거가 거추장스러울 만큼 가난한 도시의 모습이었다. 차가 다닐 수 없는 좁은 뒷골목이 거미줄처럼 얽혀 있고, 낡은 건물이 빼곡하게 들어서 어둡고 우울한 분위기를 풍기는 쇠퇴하는 도시 이미지를 가지고 있었다.

하지만 낡고 어두운 이미지의 볼로냐에도 남은 것이 있었고 그것이 희망이 되었다. 오렌지색 벽돌로 만들어진 13세기 중세 건축물과 그 건축물에 남아 있는 긴 주랑 포르티코Portico였다. 볼로냐가 간직하고 있는 문화유산 포르티코는 중세시대 건축물의 특징 중 하나다. 비를 피할 수 있는 천장이 있고 바깥쪽으로는 아치형으로 뚫린 회랑이 건물 외벽을 둘러싸고 있다. 포르티코가 중세시대 건축물의 특징이기는 하지만 볼로냐처럼 건물 대부분에 적용된 곳은 없다. 볼로냐의 건물로 연결된 그물망 같은 포르티코를 모두 이으면 약 38킬로미터 정도가 된다고 한다. 또 볼로냐에는 중세시대를 느낄 수 있는 4킬로미터의 성곽이 그대로 보존되어 있었다.

유럽문화수도를 준비하는 과정에서 노후한 고건축물과 좁은 골목길, 그리고 열악한 주차 공간을 두고 개발이냐 보존이냐의 갈림길에 섰다. 볼로냐의 도시 재생을 고민하는 전문가들은 성곽 안 구도심을 완전히 철거한 뒤 새롭게 신축할 것인지, 아니면 옛 건물들을 그대로 유지하고 내부만 수리하여 현대적인 기능을 수행하게 만드는 방식으로 재생시킬 것인지를 결정해야만 했다. 한 번 결정이 내려지면 돌릴 수 없는 순간이었다.

중세의 흔적을 유지하며 리모델링하는 방법을 선택하면 모두 허물고 새로 지을 때보다 두 배 이상의 비용이 필요하다는 진단이 나왔다. 현명한 결단을 위해 시와 주민이 의견을 나누고 모으는 과정이 필요했다. 오랜 고민과 다각도의 논의 끝에 도시 당국과 시민들은 비용이 더 들더라도 전통적인 중세 도시 건축물과 포르티코의 외관을 유지하고 쓰임에 문제 없도록 내부는 리모델링을 하는 방향을 선택했다. 중세 모습을 안고 있던 볼로냐는 문화예술 유산을 간직한 채 도시 재생 계획을 추진하였다.

특히 시가지 전체에 연결된 포르티코는 천장과 처마까지 감싸는 구조라 거리를 오고가는 동안에도 중세의 시간을 걷는 느낌이 들게 했다. 또 비나 눈 소식이 있을 때도 관광에 어려움이 없는 안락한 공간을 제공했다. 이뿐 아니라 전시회에 활용되는 야외 전시장 역할, 노천카페나 잡화상들이 물건을 판매하는 장소 등으로 활용되며 시민들의 생활에 만족감을 더했다.

볼로냐의 도시 경제도 활성화되었다. 1950년대까지만 해도 이탈리아에서 최하위 경제 수준이었지만, 오늘날 볼로냐의 임금 수준은 이탈리아 평균의 약 두 배 정도이며 실업률이 3.1퍼센트에 불과한 안정적인 도시가 되었다. 유네스코는 중세 도시의 문화예술 유산과 현대의 생활을 조화롭게 혁신한 창조도시의 예로 볼로냐를 꼽는다. 이 사례를 분석하고 요약해서 발표하기도 했다. 간단하게 그 내용을 알아보자.

첫째, 예술가, 과학자, 공예가, 노동자는 물론 모든 시민이 자유롭게 창의적 활동에 개입할 수 있도록 한다. 뿐만 아니라 모든 시민이 자유로운 창의적 활동을 전이(또는 확대)할 수 있게 자유로운 사고와 활동을 보장한다. 이를 통해 도시 혁신의 이해관계자 또는 이용자 모두 삶의 만족을 경험할 수 있다.

둘째, 예술가 그룹뿐 아니라 시민의 일상이 예술적이어야 한다. 이를 위해서는 창의적 활동을 하기 위한 충분한 수입과 자유시간이 있어야 한다. 또한 고품질의 소비재를 합리적인 가격에 구입하고, 공연예술 같은 문화예술을 저가의 비용으로 접할 수 있어야 한다.

셋째, 종합대학, 전문대, 연구소, 공연장, 도서관, 문화 기관 같은 예술, 과학 분야 등의 창의적 활동을 지원하는 기반시설이 갖추어져야 한다.

넷째, 환경 정책이 중요하다. 성공적인 환경 정책이란 편의시설을 개선할 뿐 아니라 역사 유산과 도시 환경을 보전하는 정책이다. 이를 통해 시민들의 창의성과 감수성이 높아질 수 있다.

다섯째, 지역의 지속 가능성과 창의성을 지원하는 균형 잡힌 경제 기반을 갖춰야 한다.

여섯째, 공공 행정의 관점에서 민주적으로 운영되는 공공 재원을 활용해 산업 및 환경 정책과 연계된 창조도시 정책과 문화 정책을 마련할 수 있는 기틀이 되도록 한다.

이렇듯 유네스코는 창조계급뿐 아니라 시민들의 자유로운 창의적 활동에 대한 지지 여부가 창조도시의 중요한 요건이라고 여긴다. 창조도시는 문화예술 활동을 하는 데 있어서 시민들의 만족도와 창의적 활동이 큰 위치를 차지하고 있음을 알 수 있다.

새로운 문화유산을 만들어 낸 이시카와현의 선택

유네스코에서 말하는 창조도시 요건에 부합하는 적절한 예시가 하나 있다. 이곳 역시 볼로냐처럼 운명적인 모멘텀을 맞이한 곳으로 2022년 7월 문을 연 이시카와 현립도서관이 있는 일본 이시카와현이다. 도서관이 들어선 뒤 '일본에서 가장 아름다운 도서관', '북 콜로세움', '건축비 1445억 원', '의자 마니아의 견학 코스'로 입소문을 타고 수많은 관심이 쏟아졌다.

이시카와 현립도서관은 높이 15미터로 4층까지 뚫린 중앙 대형 홀이 인상적이다. 원형극장처럼 중앙 홀을 중심으로 둘러싼 서가에는 총 30만 권의 책이 진열되어 있다. 이 도서관은 건축계의 노벨상이라 불리는 프리츠커상을 수상한 건축가 센다 미쓰루가 설계했다.

센다 미쓰루는 "도서관이라는 공간이 갖고 있던 룰을 깨는 새로운 형식을 만들고 싶었다"라고 의도를 설명했고 그에 부합하는 기존의 틀을 깬 새로운 도서관을 탄생시켰다. 도서관 외관은 책장을 넘기는 모양을 형상화해서 만들었으며, 내부는 1층부터 4층까지 뻥 뚫린 로마 원형극장 형태를 하고 있어 '북 콜로세움'이라고도 불린다.

굉장한 도서관이 개관했다는 소문이 퍼지면서 도서관 개관 5개월 만에 54만 명이 방문했다고 한다. 특히 전시장에서나 볼 법한 유명한 디자이너와 예술가가 만든 의자를 공공 도서관에서

기존의 틀을 깬 창의적 공간인 이시카와 현립도서관

직접 사용해 볼 수 있어 화제가 되었다. 가구 디자이너 가와카미 모토미의 기획으로 100여 종의 다양한 의자를 500석 규모로 비치했다. 가와카미의 대표 작품인 '세오토 의자'와 함께 허먼밀러사의 '임스 체어', 세계적으로 유명한 덴마크 디자이너 아르네 야곱슨의 작품 등이 도서관을 가득 메웠다.

중세시대 분위기를 살리고 쇠퇴 위험에서 벗어나 유럽의 문화수도가 된 볼로냐, 고요하고 잔잔한 작은 도시에 아름다운 도서관으로 활력을 불어넣은 이시카와현의 사례를 살펴봤다. 두 도시를 통해 창조도시를 만드는 데 있어서 혁신의 순간을 놓치지 않는 결단, 곧 타이밍이 얼마나 중요한지 볼 수 있었다. 무엇보다 도시 행정의 일방적인 혁신이 아닌 주민과의 충분한 협력적 거버넌스를 구축하고 창의적 삶에 대한 지원이 함께 이루어져야 주민의 자발성과 창조성을 높이는 도시 혁신이 가능하다는 점이 눈에 띈다. 도시 혁신이 필요한 순간, 기회를 놓치면 아무리 잠재력 있는 도시라도 정체 상태에 머물거나 에너지를 잃고 내리막길을 걸을 수 있음을 잊지 말아야 한다.

도시 브랜드, 도시를 즐기다

모든 도시에는 특징과 고유성을 담아
눈과 마음을 사로잡는 도시 브랜드가 필요하다.

우리는 브랜드에 둘러싸여 살아간다. 주위를 둘러보면 물건이나 공간, 서비스 등 모든 것이 브랜드라고 해도 과언이 아닌 시대에 살고 있다. 사람들은 무언가를 구입할 때 실패 없는 선택을 위한 방법으로 브랜드를 따져 본다.

패션 상품이나 전자 제품은 물론 연예인, 운동선수 같은 인물, 혹은 국가나 도시 등 장소에도 브랜드라는 말을 붙이는 시대다. 브랜딩은 기업이나 제품, 인물, 도시에 고유한 특징을 드러내고 정체성을 만드는 작업이다. 이제 유형과 무형의 많은 요소가 브랜딩의 대상이 된다.

브랜드는 가치를 평가하는 데도 활용된다. 브랜드라는 단어의 기원은 고대 노르웨이어 'Brandr'로 불타는 나무 장작이나 막대를 뜻한다. 이후 화염이나 불꽃 등의 의미로도 쓰이면서 고대 영어인 'brond' 혹은 'brand'로 변화하며 오늘날 모습에 이르렀다.

도시 브랜드를 자세히 말하기에 앞서 브랜드의 기원을 알아보자. 브랜드가 언제부터 시작되었는지 보기 위해서는 고대 그리스와 고대 로마제국 시대로 올라가야 한다. 문맹률이 높았던 시대로 글을 쓰고 읽을 줄 아는 사람이 적었다. 이때 상점에서는 어떤 물건을 파는 곳인지를 그림으로 표시했다. 나무판이나 항아리 등에 상점을 상징하는 그림을 새긴 후 상점 앞에 걸어 두고 홍보했다. 바로 브랜드의 시작이라 볼 수 있다.

대중적으로 사용하는 상품에 직접 이름을 넣은 브랜드의 역사는 생각보다 짧다. 비누와 세제 등 가정용품 제조 브랜드인 미국의 P&G는 1851년에 '스타Star'라는 양초 브랜드, 1879년에 '아이보리Ivory'라는 비누 브랜드를 도입하며 다른 제품과 차별화를 시도하였다. 우리나라 최초의 브랜드는 1897년에 나온 '활명수'인데 이 제품은 지금까지도 우리 곁에 남아 있다.

그렇다면 지금 우리가 알고 있는 브랜드의 개념이 정착한 것은 언제부터일까. 이 역시 역사가 그리 길지 않다. 1990년대 이후이다. 미국의 사회과학자 데이비드 아커David Aaker가 브랜드의 개념과 필요성 등에 대한 이론을 체계화하면서부터다. 그는 《브랜드 자산 관리Managing Brand Equity》라는 책에서 브랜드 자산의 구성 요인을 설명하며, 브랜드의 확장과 이를 위한 브랜드 전략을 정리했다. 그때부터 브랜드에 대한 학계와 산업계의 관심이 일어났고 오늘날처럼 중요한 요소로 자리 잡았다.

데이비드 아커는 '판매자의 상품이나 서비스를 규정하고 경쟁자와 차별화하기 위한 이름, 기호, 상징, 디자인 혹은 이들의 결합'이라고 브랜드를 정의했다. 그의 말처럼 브랜드는 기업, 제품, 사람, 도시 등의 정체성을 증명하는 하나의 신분증인 셈이다. 이런 의미에서 보면 '도시'하면 떠올려지는 이미지들이 곧 브랜드가 되고, 도시를 나타내는 정체성이며, 도시를 대표해 많은 것을 담는 도시의 상징이 된다.

뉴욕의
도시 브랜드

뉴욕 하면 무엇이 떠오르는가? 빌딩 숲, 문화예술 활동 등과 함께 누군가는 '아이 러브 뉴욕(I♥NY)'을 떠올릴 것이다. 이는 뉴욕의 도시 로고이자 슬로건이며, 세계인들의 뇌리에 정확하게 각인된 뉴욕의 정체성을 담은 문구이기도 하다. 세계에서 가장 널리 알려진 도시 브랜드가 바로 뉴욕일 거라 생각한다. 이 로고는 지금도 뉴욕시민뿐 아니라 세계 많은 이들에게 사랑받고 있다.

1장에서도 다루었지만 지금 위세로는 상상할 수 없을 정도로 뉴욕은 암울한 시기를 보냈다. 경제 침체와 불황 속에서 범죄율이 치솟고 주민들의 도시 이탈이 빠르게 진행되었다.

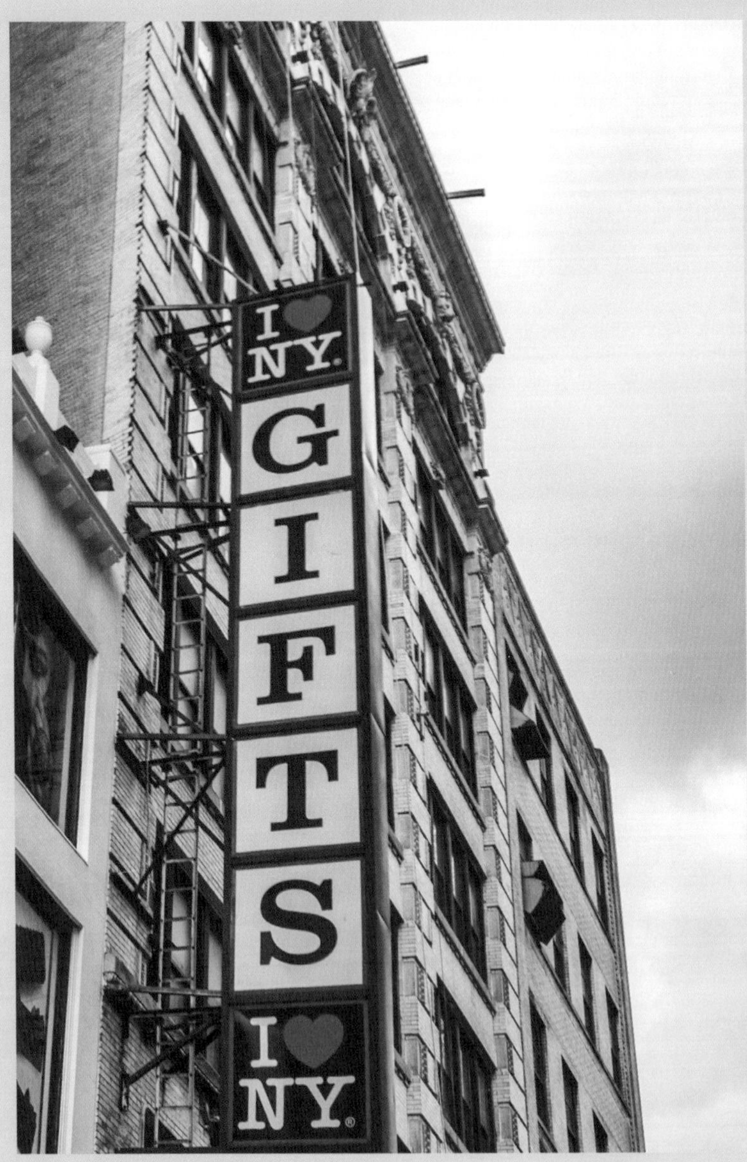

세계에서 가장 유명한 도시 브랜딩, 아이 러브 뉴욕(I♥NY)

뉴욕에 사는 거주민들은 불안감을 느꼈고 도시 소멸까지 걱정했던 대혼돈의 시대였다. 이를 타계하기 위해서 뉴욕은 문화예술산업과 관광산업을 활성화하는 프로젝트를 진행하였다. 세계인의 눈이 뉴욕을 주목하고, 또 발걸음을 향할 수 있는 장치를 더해 이른바 볼거리 많은 뉴욕을 만들기 위해서였다.

뉴욕은 도시 브랜드를 구축하며 화려한 타임스퀘어, 조명이 비친 브로드웨이의 모습 등을 대표 이미지로 활용하고 자연환경과 월스트리트 금융센터 등을 내세우는 것을 홍보의 기본 방향으로 설정했다. 그리고 범죄, 교통 체증, 높은 노조 가입률 등의 내용은 아예 감추고 긍정적인 내용을 집중해 전하며 많은 이들이 한번쯤 가 보길 꿈꾸는 뉴욕으로 이미지를 쌓았다. I♥NY 로고와 슬로건을 적극 활용했던 뉴욕시는 로고 저작권을 독점하지 않고 원하는 사람은 누구나 로고를 활용해 상품을 만들어 팔 수 있도록 이용 권한을 풀어 주었다. 이런 방침 덕분에 시에서 할 수 있는 범위 이상의 로고 활용이 이루어졌고 홍보 효과가 높아졌다.

기존의 틀을 깬 파격적인 뉴욕의 로고 디자인에 사람들이 긍정적인 반응을 보였는데, 무료 사용까지 가능하니 순식간에 퍼져 나갔다. 뿐만 아니라 뉴욕시에서 I♥NY 로고를 넣고 공식 제작한 티셔츠, 열쇠고리, 컵 등 다양한 상품은 큰 수익을 내기도 했다.

뉴욕시의 도시 혁신은 관광객 방문을 이끌기 위한 정책에서 시작되었지만, 뉴욕 시민들의 자긍심도 커졌다. 뉴욕은 인구가 빠져나가던 암울한 도시에서 세계인이 동경하는 도시로 바뀌었

도시 브랜딩에 성공한 암스테르담, 포르투

다. 미국의 수도는 워싱턴D.C.이지만, 어떤 이들은 미국의 수도를 뉴욕으로 착각할 정도로 더 강력한 브랜드를 가진 도시가 되었다.

뉴욕의 브랜드 성공 사례는 도시도 브랜드가 될 수 있음을, 그리고 로고와 슬로건이 얼마나 강력한 힘을 발휘할 수 있는지를 보여 주었다. 다른 도시들도 이를 벤치마킹하여 브랜딩 캠페인을 진행하고 있다. 도시 브랜드가 성공하기 위해서는 사람들 마음속에 도시 이름과 함께 떠오르는 선명한 이미지가 있어야 한다. 이를 위해 전략적으로 '도시가 생각이 나도록 하고 어떤 단어나 그림이 떠오르게 만들어야 하는지'를 우선 정해야 한다.

성공적인 도시 브랜드를 위한 요소

뉴욕 사례를 보면 도시 브랜드 전략은 도시의 가치를 높이는 데서 나아가 지속 가능한 도시 경쟁력을 확보하기 위한 방향성을 제시해야 한다는 사실을 알 수 있다. 도시 브랜드를 만드는 브랜딩의 과정에서는 로고, 색, 폰트와 같은 눈에 보이는 부분도 중요하지만, 도시가 추구하는 명확한 메시지가 담겨야 한다.

뉴욕 이외에도 도시 브랜딩을 전개해 성공한 유럽의 도시들을 살펴보자. 포르투, 그리고 암스테르담이다. 이들 역시 도시를 브랜딩하고 도시를 상징하는 로고와 심볼을 만들어 성공했다. 뉴욕과 유럽 도시의 성공 사례를 보면 도시 브랜드를 만드는 과정에서 가장 중요한 부분은 도시의 고유한 특징과 장점 등을 놓치지 않는 것이다.

이제 도시에도 브랜드라는 말을 붙여도 전혀 어색하지 않은 시대가 되었다. 도시 브랜드를 만들 때는 도시를 구성하는 여러 요소가 잘 융합하여 도시가 가지고 있는 고유의 특징과 정체성을 나타낼 수 있어야 한다. 우리는 도시라는 거대한 브랜드 안에 살고 있다. 도시의 브랜드는 고유성을 담아 그 도시 안에 살고 있는 사람들에게 공감과 자긍심이 되어야 한다. 즉 도시 브랜드는 도시의 역사를 담고, 도시의 문화예술로 표현한다고 보면 더 쉽게 와닿는다. 역사와 문화에 대한 깊은 이해를 기반으로 도시만의 강점과 차별점을 함축적으로 전달해야 하는 것이 도시 브랜딩이며, 그렇게 해서 탄생한 것이 도시 브랜드이다. 장기적인 전략 없이 단순히 슬로건과 로고만 변경하는 것은 일시적인 효과밖에 없음을 주의해야 한다.

여러 이론 중 성공적인 도시 브랜드 구축을 위해 가장 많이 반영하고 인용되는 이론은 영국의 브랜드 컨설팅 전문가 사이몬 안홀트의 도시 브랜드 이론이다. 안홀트는 2006년 세계 도시 브랜드 자산을 지수로 나타내는 도시 브랜드 '육각형Hexagon 모델'을 제안하였다. 차별화된 변수 여섯 가지를 기준으로 도시 브랜드를 측정하는 방법이다. 그의 도시 브랜드 모델을 보면 도시 혁신에 필요한 요소가 무엇인지 구체적으로 생각해 볼 수 있다. 안홀트의 도시 브랜드 평가 기준을 보면 다음과 같다.

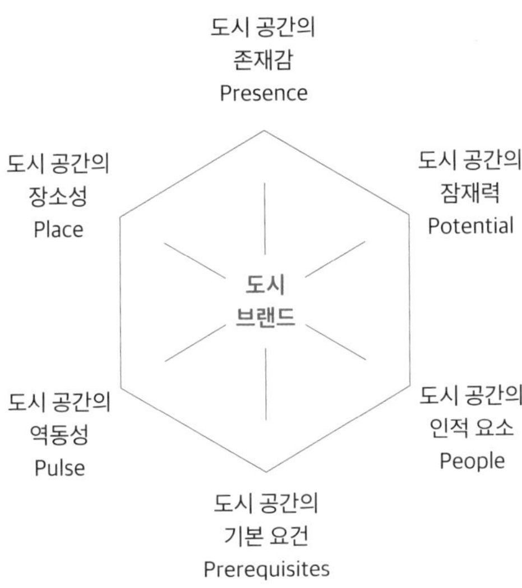

∴ **안홀트의 도시 브랜드 육각형 모델**

1. 존재감Presence: 사람들이 해당 도시에 얼마나 친숙하며 몇 번이나 방문하는지 같은 방문 빈도, 도시에 대한 인지도와 국제적 위상을 나타내는 지표다.
2. 장소성Place: 어떤 도시를 떠올릴 때 느끼는 아름다움이나 즐거움 같은 도시의 물리적 속성을 뜻한다.
3. 잠재력Potential: 거주민이나 방문객이 얻을 수 있는 일자리, 혹은 사업 여건 또는 교육 환경과 같은 경제적 교육적 기회를 의미한다.
4. 역동성Pulse: 도시에서 거주하는 거주민과 방문객이 그 도시에서 생활하는 것을 얼마나 매력적이고 활기차게 느끼는지

를 나타내는 지표다.

5. 인적 요소People: 도시 거주민이 방문객을 따뜻하고 친근하게 맞이하는지 아니면 차갑게 대하는지를 의미한다.
6. 기본 요건Prerequisites: 도시 인프라 같은 생활기반 시설이 충분하게 갖춰져 있는지를 점검하는 지표다.

안홀트가 제시한 여섯 가지 평가 요인은 한 도시에 대한 인식이나 평판을 움직이기도 할 정도로 중요한 요소들이다. 국내외 여러 도시들에서 도시 브랜드 구축 작업을 할 때 이 여섯 가지 요인을 바탕으로 출발하는 경우가 많다.

세계의 주요 도시들은 매력적인 도시 콘텐츠를 바탕으로 도시 브랜드의 마케팅 활동을 전개해 왔다. 도시 브랜드를 돋보이게 하려면 경관 요인, 행정 요인, 역사문화 요인, 인지 요인, 경험적 요인이라는 다섯 가지 요인이 필요하다. 다섯 가지 요인을 체계적으로 고려하면 독창적인 도시 브랜드를 만들 수 있고 도시 경쟁력을 높일 수 있다. 이때 도시 브랜드는 일관성, 타당성, 유효성, 신뢰성, 유용성, 혁신성, 차별성이라는 일곱 가지 특성을 갖추는 일이 중요하다.

세계적인 리서치 기업 입소스Ipsos는 안홀트가 제시한 여섯 가지 도시 브랜드 측정 요인을 적용하여 정기적으로 '도시 브랜드 지수Anholt-Ipsos City Brands Index'를 발표한다.

2022년 발표한 자료를 보면 존재감Presence은 런던, 파리, 뉴욕, 워싱턴 D.C., 도쿄 순으로 높게 나타났고, 물리적 경관과 이

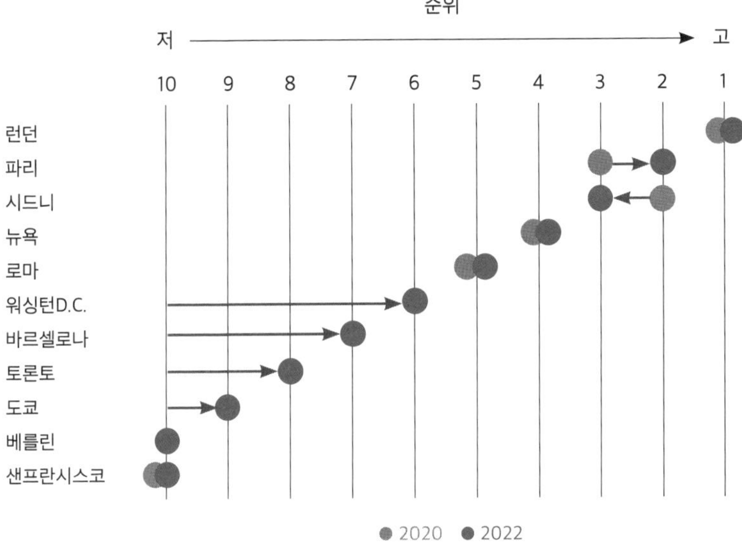

∴ **안홀트-입소스 2022년 도시 브랜드 지표. 입소스에서는 안홀트의 도시 브랜드 지수를 기준으로 세계 도시들의 브랜드 순위를 조사하고 발표한다.**

미지를 나타내는 장소성Place은 시드니, 비엔나, 로마, 파리, 바르셀로나 순으로 나타났다. 경제와 교육의 기회를 나타내는 잠재력Potential은 뉴욕, 토론토, 워싱턴 D.C., 런던, 시드니 순이었다. 생활과 여행의 매력과 재미를 나타내는 역동성Pulse은 토론토, 밴쿠버, 시드니, 암스테르담, 베를린 순으로 나타나는데 모두 도시가 가지고 있는 각자의 창조성과 고유성이 잘 발현된 곳이다. 이로 인해 도시를 찾는 이들, 도시에 사는 이들 모두에게 만족을 주는 곳임을 알 수 있다.

성공적인 도시 브랜드는 거주에 대한 가치, 관광에 대한 가치, 투자에 대한 가치를 강화시킨다. 도시 브랜드와 도시 마케팅의 핵심 목표는 도시 이미지를 정립하고, 그것을 도시 운영에 반영해야 한다는 것이다. 도시 브랜드의 성공은 타 도시와의 차별화를 위해 도시만이 가지고 있는 고유한 가치를 전략적으로 활용하는 데 달려 있다. 브랜드가 확고해야 지속 가능한 경쟁력을 갖고 살아남을 수 있다.

도시 브랜드의 수용자는 현재 도시에 살아가는 도시민뿐만 아니라 앞으로 도시를 방문하게 될 관광객 또는 이용객까지 포함된다. 그러므로 도시 브랜드는 도시 공간 안에서 보편적인 방법으로 다양하면서도 일관된 방향으로 커뮤니케이션할 수 있는 도시만의 상징성이 담기고, 마음을 움직일 수 있는 매개체가 되어야 한다.

도시를 브랜딩 하는 도시 마케팅

어떻게 잘 소개하고 알릴지는
어떤 도시 브랜드를 만들시 만큼 중요하다.
이것이 바로 도시 마케팅이다.

'힙하다'라는 단어가 한동안 유행했다. '힙하다'의 영어 표기인 'hip'은 명사로 쓰일 때는 신체 부위 엉덩이를 뜻하지만 형용사로서는 '최신 유행이나 세상 물정에 밝은, 잘 알고 있는, 통달한'이라는 뜻을 담고 있다. 힙하다는 '힙'에 형용사를 만드는 접미사 '-하다'를 붙여서 만든 단어다. '힙'이라는 영어 단어는 1960년대 히피 문화와 관련이 있는데, 우리나라에서는 좀 더 넓은 의미로 '트렌드를 앞서가는 멋진' 것을 일컬을 때 쓴다.

'힙하다'라는 말을 널리 쓰게 된 데는 힙한 것을 소비하고 싶어 하는 사람들의 욕망이 커졌기 때문일 것이다. 사람들은 방문할 곳을 찾을 때도 힙한 도시와 장소를 찾아다닌다. 그중에는 문화예술과 관련된 장소가 많았다. 기억에도 남고 사진으로도 남아 SNS에서 공유하기 좋았다. 힙한 장소에 사람들이 끊이지 않는 이유는 그 도시가 가지고 있는 고유한 특징을 잘 살려 내고 유지했기 때문일 것이다.

브랜딩만큼 중요한 마케팅

도시만의 고유한 콘텐츠를 만드는 일 만큼 도시 브랜드를 알리는 일도 중요하다. 도시의 특징을 살리고, 인프라를 형성할 때 중심이 된 요소를 바탕으로 도시를 브랜딩하고 도시 마케팅 요소로 활용하면 효과적이다.

여기에서 도시를 브랜딩한다는 의미는 사람들을 불러 모으는 매력 요소들을 찾고 조화롭게 섞어 하나로 응집시켜 마케팅하는 것이다. 마치 개성 있는 커피나 차를 만들기 위해서 서로 다른 종류의 원두나 차를 블랜딩하는 작업과 비슷하다. 도시의 특징이나 고유성, 정체성에 창조성을 섞어 그것을 조화로운 하나의 브랜드로 만들어야 한다. 도시의 브랜드가 곳곳에서 느껴지게 하고, 또 그것을 눈에 보이게 하는 일 역시 도시 마케팅이다. 도시의 경쟁력을 높인다는 인식을 갖고 창조도시를 형성하여, 도시만의 특징을 잘 세워야 한다.

오늘날 세계의 도시 간 경쟁은 국가 간 경쟁보다 활발하다. 많은 도시가 하나의 브랜드로 브랜딩과 마케팅 활동을 펼치며 도시 알리기에 적극적이다. 이를 통해 경제적 이익을 이끌어 내기 위해 노력한다. 도시 브랜드 역시 글로벌 기업의 브랜드 이상으로 강력할 수 있으며 이에 성공했을 때는 도시의 발전과 더불어 국가 경제 성장과 발전으로 이어질 수 있기 때문이다.

도시 브랜드를 성공적으로 이끈다면 도시민의 삶 개선과 도시의 지속 가능한 발전까지 담보할 수 있다. 도시는 인프라에 투자할 여력이 생기고, 더 나아가 긍정적인 글로벌 평판을 얻어 세계 스포츠, 국제회의, 영화제 같은 문화 축제나 국제 행사 유치에도 유리한 위치를 선점할 수 있다. 그만큼 경제적 이익을 가져올 수 있는 일이라 도시들은 브랜딩과 마케팅에 투자를 늘리고 있다.

뉴욕의 'I♥NY' 슬로건과 더불어 네덜란드 암스테르담의 'I Amsterdam' 슬로건 역시 성공적인 도시 브랜드로 손꼽히는 사례다. 캠페인 이전 암스테르담은 점차 국제 사회에서 동력을 잃어가던 상황이었다. 이에 기업, 국제 인재, 관광객을 유치하기 위한 혁신이 요구되었다. 2004년 캠페인과 함께 암스테르담의 풍부한 문화유산, 인구 구성의 다양성, 지속 가능성 등 독특한 특성을 중점으로 창의적·혁신적인 도시로 마케팅을 했었다. 이런 노력으로 암스테르담은 관광 및 창의적 산업이 번창하며 세계적인 명성을 쌓았고, 지속 가능성을 도모할 수 있는 원동력이 되었다.

21세기 글로벌 도시 마케팅의 열쇠는 도시의 특징과 정체성을 브랜드에 담아 도시 고유의 방식을 만들어 그것을 알리고 홍보하는 일이다. 이러한 점에서 최근 도시 발전에 대한 논의에서 화두로 떠오르고 있는 문화예술 활동은 도시 브랜드를 만들고 도시를 마케팅 하는 데 중요한 자산이다. 특히 도시 마케팅은 다른 도시와의 차별화된 정체성을 강조하여 도시의 발전과 성장을 추구해야 하며, 도시민들과 도시 이용자의 삶까지 만족도를 높일 수 있는 중요한 역할을 한다.

도시 마케팅 전략 수립과 이행이 늘 순조롭지는 않다. 한 도시가 오랫동안 보존하고 있는 문화를 거부하거나 터부시하는 문화 진정성의 문제, 서로 견해 차이가 있는 시민들의 갈등이 불거지는 사회 통합의 문제를 일으키는 원인이 되기도 한다. 이에 대한 비판적인 시각도 있다.

경쟁에서 앞서가기 위해 필요한 전략

도시 마케팅은 타 도시와의 경쟁에서 우위를 차지하기 위한 전략적 성격이 강하다. 도시 고유의 문화를 유지, 보존하고 활성화하는 문화적 활동과는 관점이 다르다. 맨체스터대 경제학과 레이첼 그리피스Rachel Griffith 교수의 도시 마케팅에서 강조하는 문화 전략을 살펴보면 도시 거주민의 삶의 질을 높이고, 도시 활성화를 통해 정체성을 회복하고, 도시 공동체의 소속감과 애향심을 확립하고, 주민과 지역 사회 통합을 유도하는 데 비중이 있다. 또 새로운 문화산업 개발을 통해 도시 재생의 기회로 삼으며, 도시의 긍정적인 이미지를 부각하여 기업 고객을 유치하는 게 중요함을 밝히고 있다.

도시 마케팅의 중요한 요소는 도시 정체성 확립이다. 오래전부터 보존하고 유지해 온 도시 정체성을 확고히 하여야 도시 이미지가 더 강화될 수 있다. 우리나라의 도시는 개항과 더불어 근대적인 도시의 형태를 갖추기 시작했다. 그러다 보니 도시 문화의 역사가 길지 않다. 현재는 도청 소재지, 행정 중심지, 군사 유적지 등이 전통적 도시의 역사적 모습을 보여 주는 공간이다.

이렇게 역사적으로 친숙하지 않다 보니 도시 구성원과 이해관계자들의 요구를 충족시키며 도시의 형성과 발전에 따른 자원을 활용하여 도시 마케팅을 벌이는 일이 쉽지는 않다. 전략을 세워 그 도시에서의 삶의 질을 높여 주는 방안을 진정성 있게 추구해야 한다.

경영 컨설팅 회사인 커니Kearney에서는 정기적으로 도시 마케팅의 성과를 조사하고 그 결과를 지표로 발표한다. 2008년부터 세계 주요 도시 135개의 경쟁력 및 미래 발전 잠재력을 평가한 '글로벌 도시 보고서global city report'가 그 결과다. 이 보고서는 기업 활동(30퍼센트), 인적 자본(30퍼센트), 정보 교환(15퍼센트), 문화 경험(15퍼센트), 정치 참여(10퍼센트) 등 5개 부문의 27개 지표를 바탕으로 현재 세계 도시의 도시 경쟁력과 영향력을 평가한다. 도시를 매력적으로 느끼게 하여 세계의 인력, 자본 그리고 기업을 끌어들이는 포괄적인 힘을 보여 주는 평가 순위이다.

이 표는 어떤 도시가 도시 브랜드를 알리고자 하는 도시인

도시	순위							
	2022	2021	2020	2019	2018	2017	2021~2022년 변화	
뉴욕	1	1	1	1	1	1	0	
런던	2	2	2	2	2	2	0	
파리	3	3	3	3	3	3	0	
도쿄	4	4	4	4	4	4	0	
베이징	5	6	5	9	9	9	+1	▲
로스앤젤레스	6	5	7	7	6	8	-1	▽
시카고	7	8	8	8	8	7	+1	▲
멜버른	8	12	18	16	17	15	+4	▲
싱가포르	9	9	9	6	7	6	0	
홍콩	10	7	6	5	5	5	-3	▽
브뤼셀	11	16	14	12	10	11	+5	▲
워싱턴D.C.	12	14	10	10	11	10	+2	▲
서울	13	17	17	13	12	12	+4	▲
베를린	14	13	15	14	16	14	-1	▽
샌프란시스코	15	11	13	22	20	23	-4	▽
상하이	16	10	12	19	19	19	-6	▽
시드니	17	15	11	11	15	17	-2	▽
토론토	18	20	19	17	18	16	+2	▲
마드리드	19	19	16	15	13	13	0	
보스턴	20	21	21	21	24	21	+1	▲
모스크바	21	18	20	18	14	18	-3	▽
두바이	22	23	27	27	28	28	+1	▲
암스테르담	23	22	23	20	22	22	-1	▽
프랑크프루트	24	24	28	28	29	29	0	
부에노스아이레스	25	32	25	24	25	26	+7	▲
바르셀로나	26	28	26	23	23	24	+2	▲
뮌헨	27	26	24	32	32	36	-1	▽
이스탄불	28	27	34	26	26	25	-1	▽
몬트리올	29	29	29	29	27	27	0	
비엔나	30	25	22	25	21	20	-5	▽

∴ 글로벌 컨설팅 기업 커니에서 2022년 발표한 상위 30개 도시의 글로벌 도시 지수

지 대중이 알아볼 수 있도록 하려는 것이 목적이다. 보고서에는 2022년 뉴욕, 런던, 파리, 도쿄, 베이징, LA, 시카고, 멜버른, 싱가포르, 홍콩, 브뤼셀, 워싱턴D.C., 서울, 베를린, 샌프란시스코 등이 상위에 링크되어 있다. 그중 1위부터 7위에 링크된 도시들은 2017년부터 2022년까지 변동 폭이 거의 미미했음을 알 수 있다.

도시 안에 흐르는 시간과 공간 속에서 기억하고, 추억하고, 경험한 것을 다시 꺼내 보는 데서 도시 브랜드는 출발한다. 도시의 기나긴 역사 속에서 도시의 운명을 좌우한 '도시를 이끌어 온 문화예술 유산' 속에 실마리가 있다. 도시가 가지고 있는 고유한 정체성과 차별성, 경쟁력을 도시 브랜드에 담고 잘 홍보하는 일이 도시 마케팅이다. 도시 안에 있는 콘텐츠, 곧 그 도시만의 창조성에서 다른 도시와의 차별성을 부각시키고 경쟁에서 우위에 설 수 있도록 잘 풀어 나가는 것이 도시 마케팅의 핵심이다.

21세기 도시는 창조성 안에서 변화와 혁신을 거듭하며 지속적으로 발전하고 있다. 이럴 때일수록 도시의 정체성을 잘 담은 도시 브랜드를 만들고, 이를 세상에 알리는 도시 마케팅에 투자해야 한다. 이 두 가지 활동이 톱니바퀴처럼 잘 어우러질 때 도시 혁신은 성공적으로 이뤄질 수 있다.

도시 혁신을 위한 조직화

우리는 삶에서 많은 관계를 맺고 살아간다.
도시 혁신을 하는 데도 많은 관계가 필요하다.
도시, 기업, 민간단체, 도시민과 이용자의 융합이 이뤄져야 한다.

'메세나Mecenat'라는 말이 요즘 곳곳에서 들린다. 메세나는 '문화예술에 대한 지원 활동이나 지원자'를 의미하는데 기업과 도시, 민간단체, 문화예술가 사이에서 자주 사용하는 말이다. 이 말이 본격적으로 쓰이기 시작한 시기는 1966년이다. 당시 미국 체이스 맨해튼 은행Chase Manhattan Bank의 회장이었던 데이비드 록펠러가 기업의 사회공헌을 제창하며 쓰기 시작했다.

메세나는 로마제국의 정치가 가이우스 마에케나스를 프랑스식으로 발음한 이름이다. 유래가 된 마에케나스는 고대 로마제국 시대의 아우구스투스 황제 시대에 활동한 정치가이자 외교관인 동시에 시인이었다. 마에케나스는 당대 예술가들의 예술창작 활동을 적극적으로 지원하는 활동을 하였다. 특히 시인 호레이스, 베리길리우스 등의 창작 활동을 후원한 것으로 유명하다.

현대의 메세나는 기업들이 문화예술 분야를 후원하자는 의미로 시작되었다. 기업의 예산 일부를 할당하여 문화예술 활동을 장려하는 기관을 설립하기를 제안했고, 기업예술후원회Business Committee for Arts, BCA가 출범했다. 이렇게 시작된 기업의 메세나 활동은 '문화예술 활동 후원'이라는 의미로 두루두루 쓰이게 되었고, 도시도 기업도 지속 가능성을 중요한 가치로 삼으면서 더욱 활발해졌다. 1973년에는 기업 대표들과 예술 기관의 대표들이 참여하는 '예술과 기업협의회ABC'를 창설했고, 예술가와 기업가가 상호 연계된 봉사활동을 활발하게 펼치기 시작했다.

도시와 기업, 문화예술 분야가 메세나를 매개로 만나 서로를 이끌어 주는 역할을 할 수 있게 되었다. 그리고 이러한 메세나는 미국을 넘어 세계로 퍼져 나갔다. 프랑스에서도 1979년 '상공업메세나협의회Admical'가 설립되었고, 프랑스뿐만 아니라 유럽 전역의 문화예술 기관에 후원하고 있다. 영국은 기업들에게 파이낸셜타임즈와 공동으로 ABSA(Association of Business Sponsoring for the Arts)를 수여하는 방식으로 기업들의 예술 활동 지원을 적극적으로 권장하고 있다.

일본의 메세나 활동은 1980년대 들어 본격화되었다. 일본 경제가 오일쇼크를 극복하고 자동차와 전자 산업의 호황을 누리기 시작하면서 문화예술계에 대한 지원이 활발해졌다. 우리나라에는 1994년 '한국 메세나협회'가 설립되었고 기업들의 문화예술 분야의 지원이 점점 증가하고 있다.

메세나와 함께
활기를 찾는 도시

이렇듯 기업들은 현대에 들어 메세나라는 이름으로 문화예술 분야의 사회공헌 활동을 펼쳐 왔다. 그러나 사실 이런 움직임이 그 이전에 전혀 존재하지 않았던 것은 아니다. 거슬러 올라가 보면, 문화예술에 대한 후원을 적극적으로 했던 중세 피렌체의 메디치 가문을 떠올릴 수 있다. 당시 메디치 가문은 유럽 16개국에 은행을 세울 정도로 막대한 재산을 자랑했다. 신흥 부자였던 메디치 가문이 자신의 가문을 빛내기 위해 예술가들을 후원했다는 이야기도 있지만, 그들의 후원이 르네상스 시대 문화예술 발전의 기틀을 마련한 사실은 변함이 없다. 메디치 가문의 후원이 없었다면 지금 우리 곁에 있는 명화와 명작 중 몇이나 존재할지 누구도 확신할 수 없는 사실이다.

메디치 가문은 문화예술 분야 중에서도 순수미술을 주로 지원했다. 메디치 가문의 지원으로 문화예술 활동을 할 수 있었던 이들의 이름을 열거하면 우리가 알고 있는 중세시대 화가 대부분이 포함된다는 사실에 놀라울 정도이다. 대표적 화가는 미켈란젤로, 레오나르도 다빈치, 보티첼리 등이다. 메디치 가문의 문화예술 후원은 다양하게 이루어졌는데 성당을 지은 뒤 벽화를 주문하기도 하고, 보티첼리와 미켈란젤로 등 예술가를 직접 지원하기도 했으며, 미술품을 사들이고 수집하였다.

또 메세나와 관련해서 빼놓을 수 없는 이름이 있으니 바로 구겐하임 가문이다. 구겐하임 가문이 미술사에 길이 이름을 남길 수 있게 된 데는 구겐하임 미술관이 존재한다. 구겐하임은 미국으로 이주한 독일계 유대인 가문이다. 영국에서 거대한 금융업을 일으킨 로스차일드 가문과 함께 독일계 유대인 중에서 가장 성공한 가문이다.

미국의 구겐하임 가문은 미술계에 아낌없는 지원을 했고 수집 작품이 늘자 당대의 유명한 건축가인 프랭크 로이드 라이트에게 미술관 신축을 맡겼다. 그리하여 1959년 위로 갈수록 넓어지는 기하학적인 달팽이 모양의 구겐하임 미술관이 세워졌고 개관하자 곧바로 뉴욕의 명소가 되었다. 그리고 이런 성공은 스페인 빌바오에서도 다시 한 번 펼쳐졌다. 쇠락하던 도시 빌바오에 구겐하임 미술관이 들어서며 도시는 활기를 찾게 되었다.

이렇게 세계 곳곳에서는 메세나와 같은 단체를 통해 문화예술의 힘을 경제적 성과로 활용하는 정책을 펼쳐 오고 있는데, 도시 혁신의 바람과 함께 문화예술 활동을 향한 지원이 활발해지고 있다. 도시의 혁신을 위해 문화예술 활동과 만나고, 이 분야의 발전을 촉진하면서 기업뿐 아니라 협동조합, 여러 민간단체와의 협력이 활발해졌다. 도시가 발전하기 위해서는 사회, 경제, 행정

구겐하임 가문의 기부로 가능했던 뉴욕 구겐하임 미술관

적 지원은 필수 요소라고 해도 과언이 아닐 정도로 중요하다. 어떠한 도시 혁신도 행정적 절차 또는 기업이나 사회 단체의 지원 없이 진행되기는 힘들다.

21세기는 창조산업 중심의 창조경제 시대이며 도시마다 창조도시를 추구한다. 이런 시대에 기업이 문화예술 발전에 기여하는 활동은 기업의 지속 가능성을 위해 필수다. 기업의 입장에서도 메세나를 활용하여 기업 홍보와 기업의 사회적 책임이라는 두 가지를 모두 실현할 수 있으니 마다할 이유가 없다.

기업에도 메세나가 필요한 이유

메세나의 범위에 대해서 살펴보면 기업들은 사회·경제가 변화함에 따라 다양한 모습을 보인다. 대가 없이 하는 자선 활동인 필랜스로피Philanthropy, 화가·작가 등에 대한 후원으로 대가를 바라는 지원인 패트로니지Patronage, 재정적 후원과 함께 홍보와 광고 등이 수반되는 스폰서십Sponsorship, 사업의 동반자 관계로 인식하는 지원 활동인 파트너십Partnership 등이 있다.

특히 사회적 책임CSR과 지속 가능 경영이 강조되는 요즘 시대에 기업은 기업과 사회, 문화예술을 하나의 공동 유기체로서 바라보며, 서로 이로울 수 있는 가치를 나누어야 한다. 처음에는 기업이 이해관계자들에게 이익을 돌려주는 데서 시작하지만 결국은 기업 편에도 긍정적 효과로 돌아오기 마련이다. 즉 문화예술에 후원하는 기업 문화는 기업 평판을 올리는 최고의 홍보 역할을 할 수 있기에 기업으로서는 이것을 활용할 이유는 충분하다. 기업 측면에서는 미래 투자라고 해도 될 정도로 기업 성장의 잠재력을 제공하고, 또 기업이 몸담은 사회와 도시의 창조성을 보장하면서 도시의 지속 가능성을 높이는 역할을 하고 있다.

우리가 살아가는 21세기는 문화예술 시대다. 경제에서 문화의 가치가 차지하는 비중은 점점 더 커지고 있다. 앞으로 문화와 접목되지 않은 상품은 부가가치를 높이기 어려워질 것이다. 도시의 상징성도 이제는 산업 중심지보다는 문화예술, 창조 등의 비중이 높아진다. 그리고 도시에서 문화예술 분야를 육성하고 이를 바탕으로 창조도시를 조성하기 위해 여러 주체들이 힘을 모아야 한다.

그중에서도 힘든 일 중 하나는 예산을 확보하는 것이다. 또 시 예산으로 도시 혁신 사업을 추진할 때는 도시 의회에서 심사, 승인 절차를 거치고 시민들과 숙의 과정 등을 거쳐야 한다. 막대한 예산이 허투루 쓰이지 않게 하기 위해 꼭 필요한 일임은 분명하지만 어떤 경우에는 몇 년의 시간이 예산 확보를 위한 설득과 합의에 소요될 수 있다. 그러다 애써 세웠던 전략이 무용해지고 도시 혁신의 기회를 놓치는 일도 있다.

도시와 기업 그리고 민간이 나서서 공공을 위한 프로젝트를 함께 이끌어 갈 때 좀 더 기민하게 대처하는 경향이 있다. 기업이 사회적 가치에 더 많은 고민과 투자에 나서는 사회 분위기가 조성되면, 도시를 풍요롭게, 도시민들의 삶을 풍성하게 할 수 있는 긍정적 에너지가 만들어질 것이다.

3

도시, 문화예술로 새로 태어나다

도시 혁신, 문화예술을 활용한 자원과 재원

도시 재생, 도시 혁신의 교과서라고 불리는 스페인의 빌바오.
그 변화 과정을 보면 도시 혁신의 길이 보인다.

스페인 하면 떠오르는 도시를 물어보면 수도 마드리드나 바르셀로나를 꼽는다. 그런데 도시 재생과 도시 혁신을 위해 일하는 이들이 먼저 떠올리는 도시는 따로 있다. 바로 구겐하임 미술관이 있는 빌바오다. 스페인 동북부 바스크주의 도시 빌바오는 조선·철강·금융 산업이 매우 활발했던 1970년대까지는 스페인에서 가장 부유했던 지역으로 바스크주의 경제 중심이었다. 위기는 1970년대 후반에 찾아왔다.

빌바오 경제의 근간이었던 조선업이 쇠퇴하면서 심각한 산업 위기가 닥쳤다. 수많은 회사가 문을 닫았고 빌바오의 실업률은 무려 35퍼센트에 육박했다. 극심한 경제 침체는 정치적 불안정과 함께 도시의 쇠퇴를 불러왔다. 설상가상 산업폐기물로 인한 수질과 토양 오염이 심각했고, 1983년에는 대홍수라는 자연재해까지 겪었다. 여러 문제가 연이어 발생하면서 침체는 빠르게 진행됐다.

빌바오는 산업 쇠퇴와 도시 침체 문제를 해결하기 위해 도시재생 사업에 돌입했다. 철강, 조선 같은 기존의 산업에 투자한 것이 아니었다. 빌바오의 선택은 도심의 회복이었다. 문화예술 산업을 통해 도시 발전과 경제 부흥을 이루는 과감한 도시 혁신을 계획했다. 1987년 네르비온강을 중심으로 한 도시기본계획을 수립하며 기존의 조선 산업 또는 철강 산업이 아닌 문화예술적 접근을 시도했다. 오염된 강을 정화하고 강변을 따라 문화 공간과 생태 공간을 조성했다.

빌바오 효과가 나타나기까지

빌바오 효과가 나타나기까지 마냥 순탄한 과정만 있던 것은 아니다. 생존 전략으로 문화도시를 선택하고 그 구심점인 빌바오 구겐하임 미술관이 지어지는 동안 많은 우여곡절이 있었고 여러 기관과 시민들의 노력이 있었다.

스페인 빌바오에 있는 구겐하임 미술관은 캐나다 출신의 세계적인 건축가 프랭크 게리가 설계해 1997년 개장하였다. 철강과 조선 산업의 후퇴로 황폐했던 빌바오가 새롭게 태어나는 순간이었다. 구겐하임 미술관을 비롯한 수많은 국제적 건축가들이 참여한 도시 건축물들이 빌바오를 문화예술의 도시로 발돋움하게 했다. 빌바오 구겐하임 미술관은 명소가 되고, 빌바오는 국제도시가 되어 매년 100만 명의 관광객이 찾았다. 개장 후 3년 동안 약 400만 명의 관광객이 방문하고 약 5억 유로의 경제 효과, 그리고 2007년까지 단 10년 만에 2조 1000억 원에 이르는 경제효과를 이뤄냈다. 또한 빌바오 구겐하임 미술관의 개장 이후 전 세계에서 관광객들이 몰려오면서 운송 및 호텔, 카페, 바와 같은 관광 서비스 분야에서 약 4500개의 일자리가 창출되었다. 이후 이러한 경제적 효과를 '빌바오 효과'라고 불렀고, 이는 도시 혁신으로 도시 경제 활성화가 가능함을 보여 주는 사례가 되었다.

작은 도시 빌바오는 변화 계획이 장기간에 걸쳐 추진되었으나 일관성을 잃지 않았다. 중요한 성공 요인이다. 무엇보다 사회간접자본SOC의 구축은 오랜 기간 재원을 마련하는 데 탁월한 선택이었다. 시에서는 혁신에 필요한 자본을 먼저 확보했다. 도심 강변의 항만 시설들을 모두 네르비온강 하구 바닷가로 이전시키고 철거하여 개발 공지를 확보했다. 이렇게 확보한 땅 일부는 용도 변경과 택지 개발을 한 뒤 민간에 매각, 막대한 개발 자금을 확보하였다. 이 자금 덕분에 강을 따라 에우스깔두나 다리, 아메촐라 공원 등 수많은 문화시설을 짓고 주요 프로젝트들을 추진할 수 있었다.

정부와 기업과 시민이 함께 만든 기적

빌바오의 도시 혁신 바탕에는 민관 관계자와 시민의 참여가 있었다. 1983년 대홍수 당시 도심 복원을 위해 1985년 15명의 법률가, 건축가 등 민간 전문가로 구성된 빌바오 도시재생협회를 설립하였다. 그리고 지역 개발을 위한 조직 '빌바오 리아 2000'을 설립하였다. 환경을 복원하고 도시 기능을 회복하기 위해 중앙정부와 지방정부, 시와 시민단체가 빌바오 리아 2000을 중심으로 힘을 모았다. 또한 '빌바오 메트로폴리-30'을 구성하였는데, 이는 지역의 대학, 금융, 철도, 전기, 빌바오 시청 등 빌바오의 모든 민관 관계자들이 참여하는 단체다. 즉 빌바오에 관련된 모든 이해관계자가 빌바오 도시 혁신에 동참하고 자금 문제 해결에 힘을 합쳤다.

이런 조직을 중심으로 프로젝트에 따라 관련 회원들이 모여 기획하고 실행했다. 이뿐 아니라 바스크 주정부, 비스카야 지방정부, 빌바오 시정부 및 정당 등 빌바오와 관련 있는 모든 정치기관이 참여하여 도시 재생과 혁신에 힘을 모았다. 중앙정부와 산하기관의 지분이 50퍼센트, 지방정부와 관련된 지분이 50퍼센트로 구성되었고 그 결과 빌바오 도시 혁신에 필요한 예산의 직접 지원, 정부 차원의 신용 보증, 토지의 용도 변경 등이 원활하게 진행되었다. 특히 세계적으로 유명한 구겐하임 미술관 유치는 빌바오 도시 재생과 관련된 모든 민관 단체들이 참여해 도시 혁신을 위한 전략을 도출하며 이루어 낸 결과다.

빌바오의 도시 혁신을 이끈 구겐하임 미술관

무엇보다 빌바오가 빌바오 효과라는 타이틀을 갖게 된 중심에는 빌바오 시, 기업, 전문가들의 의견과 함께 주민 중심의 철학이 반영된 부분이 크게 작용했다고 한다. 이때 주민의 의견이 다양하게 반영되었다. 1983년 대홍수로 파괴된 도심을 복원하면서 구도심에 차량 통행을 막고 보행로를 확보하며 보행자 위주로 공간을 바꾸었다. 또 빌바오는 분지 지형이라 도시를 둘러싼 고지대에 거주하는 노령층과 장애인은 이동의 불편이 있었다. 교통 약자의 이동권을 위해 엘리베이터 등을 곳곳에 설치하여 주민들이 편의성을 높였다. 빌바오의 구겐하임 미술관을 찾는 관광객의 이동 편의도 고려했지만 그에 앞서 도시 안에 거주하는 주민에게 필요한 핵심 기능을 강화하려 노력했다. 이는 주민들의 전폭적인 지지를 이끌었다.

지금까지 본 것처럼 빌바오가 단순히 구겐하임 미술관 유치 하나만으로 도시 혁신에 성공한 것은 아니다. 빌바오 구겐하임 미술관이 하나의 랜드마크로써 그 가치를 극대화할 수 있었던 데는 중앙정부, 빌바오 시, 기업, 전문가 그리고 주민 등이 서로 통합하고 융합한 힘이 작용했다. 그 속에서 빌바오의 기적이 일어났다. 쇠락한 도시 빌바오는 이제 연 100만 명 이상이 다녀가는 세계적인 문화관광 도시로 다시 태어났다. 그 결과 도시 재생과 도시 혁신의 교과서라 불리며 또 한 번 사람들이 궁금해하고 찾아가는 도시가 되었다.

21세기에 접어들어 사회가 탈산업화 단계로 들어서면서 문화예술로 혁신을 일으키는 도시들이 많아졌다. 성공을 거둔 도시도 있고, 실패한 도시도 있다. 도시 혁신을 연구하는 데 빌바오는 다양한 측면에서 꼼꼼히 분석해 보아야 할 모범 사례 중 하나다. 경제적 효과를 일으킨 빌바오 효과도 중요하지만 도시에 뿌리내리고 살아가는 빌바오 주민의 만족도와 편의성 증진도 중요하게 보아야 할 부분이다. 도시 재생을 꿈꾼다면 도시 혁신으로 우리가 이루고자 하는 것이 무엇인지 잊지 말아야 한다.

도시 혁신 플랫폼을 위한 법률과 제도 지원

도시의 플랫폼 안에 도시를 구성하는 여러 요소를 조화롭게 배치해야 도시의 발전을 이끌 수 있다. 그 속에서 도시 혁신이 일어난다.

평평하다는 뜻의 '플랫plat'과 형태를 의미하는 '폼form'이 결합한 중세 프랑스어 플랫폼'plate-forme'에서 나온 말이 '플랫폼platform'이다. 프랑스에서 적진의 형태에 따라 대포를 자유롭게 배치할 수 있도록 한 데서 유래된, 요새 위에 깔아둔 평평한 곳을 뜻하는 말이다. 이후 플랫폼이라는 단어는 다양한 영역에서 사용되었다. 기차가 들어오고 나가는 곳도 플랫폼이라

부르고, 지식 정보화 사회에서는 정보가 오고가는 웹 공간을 네트워크 플랫폼이라 부른다. 경제적인 측면에서 플랫폼은 '다양한 상품을 생산하고 소비하는 경제활동에 사용되는 체계'라고 정의할 수 있다. 도시 안에 담긴 기능들이 조화를 이루며 시스템을 갖추고 있는데, 이러한 시스템을 도시의 플랫폼이라고도 말할 수 있다.

플랫폼은 어느 분야에서 사용되든 공통적으로 '다양한 구성원 또는 구성 요소가 서로 연결된 관계를 맺으며 가치를 만들어 내는 하나의 체계'의 의미를 담고 있다. 이러한 플랫폼이 도시 혁신 부분에서 사용된다면 일종의 플레이 그라운드 역할을 할 테고, 이를 도시 플랫폼이라 표현할 수 있을 것이다. 도시 플랫폼의 형태는 끊임없이 발전, 진화, 또는 쇠퇴해 왔다. 많은 도시가 도시 혁신의 성공을 외치지만 모두 성공하지는 못했기 때문이다.

자유로이 움직일 수 있는 플레이 그라운드를 만들기 위해서는 안에 있는 구성 요소들이 활성화될 수 있는 시스템을 갖춰야 한다. 그러한 시스템 중에서 선행되어야 하는 부분은 적절한 법안과 정책이다. 도시 혁신에서 플랫폼이란 '공급자, 수요자 등 여러 그룹이 참여할 때 각 그룹이 얻고자 하는 가치를 공정한 거래를 통해 교환할 수 있도록 구축하는 환경'이며 이를 펼칠 수 있는 하나의 프레임이라고도 할 수 있다. 도시 혁신을 위한 플랫폼 환경, 도시가 무엇을 추구하고 어떤 방법으로 가느냐에 따라 성공 여부가 갈린다. 이번에는 도시 플랫폼을 살펴보고자 한다.

도시 혁신을 위해 선행되어야 하는 법률과 제도 지원

도시 혁신의 중심축인 창조성 또는 창의력은 거의 모든 부분에서 요구된다. 예를 들면 도시가 창조적 공간으로서 사회 발전을 이끌려면 중추적 역할을 담당하는 다양한 창조적 인재 집단을 유치해야 한다. 상응하는 재원도 마련해야 한다. 즉 창조도시와 창조계급, 그리고 창조산업을 육성하기 위해서는 정책적 지원이 반드시 필요하다.

도시의 성장과 번영을 위해서는 창조계급이 필요한데, 먼저 그들이 선택할 만한 창조도시를 만들어야 한다. 창조도시를 어떻게 만드느냐는 도시 혁신의 과제이자 도시의 미래를 결정하는 일이다. 이를 위해서 선행되어야 할 일이 도시 혁신에 필요한 법률과 제도 지원Regulation이다.

길을 잃었을 때 우리는 자신의 위치와 가야할 방향을 먼저 찾는다. 도시를 다시 발전시키며 길을 잃지 않기 위해서는 도시가 향해야 할 방향을 먼저 찾아야 한다. 문화예술을 통한 도시 혁신 과정에서 아무리 좋은 전략과 계획이 도출되어도 법적 제한이나 규정 미비의 벽에 부딪히면 진행에 차질이 생길 수 있다. 도시 혁신에서 행정적 지원을 포함하여 제도와 규정 등을 새롭게 변경, 수정하여 추진하는 법률과 제도 지원Regulation은 혁신 활동을 보장하기 위한 필수 요소다.

한동안 도시 계획의 초점이 물리적·기술적 영역에 맞추어졌다면, 어느 시점부터 문화예술 분야로 이동했고, 또 이제는 이를 융합하고 발전시키는 단계로 넘어가는 중이다. 요즘 도시에서 삶의 질을 좌우하는 중요한 요소는 문화예술이 되었다. 도시마다 역사적·환경적 특성이 다른 만큼, 문화예술 요소를 적용하는 방법도 다를 수밖에 없다. 다만 어떤 전략을 세우고 도시 계획을 세우더라도 공통적으로 선행되어야 할 일은 도시 혁신을 위한 법률과 제도 지원Regulation이라는 점을 강조하고자 한다.

모든 도시 혁신 프로젝트 추진 시 가장 기본적으로 검토해야 할 부분이 법과 규정이다. 신규 프로젝트가 혁신적인 면이 클수록 대부분 기존 법과 규정에 상충되는 부분이 발생할 수 있다는 점은 예측 가능하다. 이를 대비하고 어렵게 세운 계획이 버려지지 않도록 하기 위해서는 법률 규정을 검토하여 수정, 보완, 개정하고 필요하면 신규 법안을 발의해야 한다. 그러려면 행정 업무를 추진하는 관의 추진 협조는 필수다.

우리나라에서도 2019년 국토교통부에서 발표한 '도시 재생 뉴딜 사업 도시 재생 활성화 계획 수립 및 시행 가이드라인'를 보면 관련 내용이 나온다. 도시 재생 활성화 계획 수립 시 '도시 재생법'에 따른 국가 도시 재생 기본 방침과 도시 재생 전략 계획에 부합하도록 해야 한다. 또 '국토계획법'에 따른 도시·군 기본 계획, 도시·군 관리 계획, 그 밖의 중장기 정책 및 사업 계획 등과 연계를 고려하라는 지침이 있다. 또한 공공 기간이 발주하는 건축물이 공공 가치, 우수한 설계를 구현하도록 관계 법령(건축서비스산업 진흥법 등)에 따라 실행 가능한 계획을 수립하고 절차를 이행하여야 한다.

나아가 도시의 물리적 환경 개선뿐 아니라 사회적·경제적 환경 개선과 활성화를 위하여 토지 이용, 건축, 도시 계획, 경관, 스마트시티, 환경, 방재 등 물리적 사업뿐 아니라 문화·예술, 관광, 경제·산업, 교육, 복지, 고용, 여성 친화 등 다양한 분야의 사업을 융복합한 계획을 수립하여야 한다. 도시 재생 활성화 계획의 수립권자는 지역 주민과 다양한 이해관계자가 참여하여 의견을 충분히 제시할 수 있도록 해야 한다. 계획 수립 과정에 대한 정보를 공개하고, 워크숍·세미나 등 주민 교육 프로그램을 운영하고, 소식지 제작 등의 방법으로 홍보를 시행하여 주민·상인 등의 참여가 활성화되도록 하며 도시 재생 활성화 계획을 수립하는 일이 무척 중요하다.

인구 5만의 도시에서 매년 100만 명의 사람이 도서관을 찾는 이유

도시 혁신에 관련 법규가 얼마나 중요한지 보여 주는 사례는 한둘이 아니다. 그중 일본의 규슈 사가현 산속에 있는 다케오 시의 사례가 대표적이다.

다케오 시는 인구 5만 명의 중소도시로 1300여 년의 역사를 지닌 다케오 온천, 400년을 이어 온 가마와 도자기 공방이 위치한 유서 깊은 도시다. 서기 737년에 창건한 다케오 신사에는 신비한 느낌마저 감도는 3000년 된 녹나무가 있다. 나지막한 산을 병풍처럼 두르고 있는 다케오 시립 도서관은 한적한 시골 도시에서 눈에 띄는 세련된 건물이다. 붉은색 벽돌로 쌓아올린 둥근 외관도 인상적이지만, 도서관 내부로 들어서 원목의 서가를 가득 채운 책을 보면 압도적인 아름다움으로 감탄이 절로 난다. 다케오 시립 도서관의 전면 입구는 통유리라 자연의 초록빛이 그대로 실내까지 이어지는 모습이다. 창가 의자에 앉아 햇빛을 받으며 책을 읽는 모습은 명화 속 한 장면을 떠올리게 하고, 사람들의 마음을 끈다. 한동안 우리나라에서 힐링을 위해 찾았던 불멍, 물멍, 숲멍처럼 그곳에서 책을 읽고 창밖을 바라보면 잡념이 사라질 것 같은 기분이다.

다케오 시립 도서관에는 높은 천장까지 뻥 뚫려 있는 공간에 열람실이 있다. 넓고 단아한 느낌이 들어 마음에 안정감을 준다. 조금만 둘러보면 천장에 매달린 등, 곳곳에 놓인 테이블과 의자 하나하나에 세심하게 신경을 썼다는 사실을 바로 알 수 있다. 도서관 내부에는 스타벅스가 들어와 있어 커피 향이 공간을 가득 채우고 있다. 깨끗한 새 책들이 반짝이는 서점 코너에는 낮은 볼륨의 음악이 깔리고 도쿄에 있는 츠타야 서점 분위기를 그대로 옮겨 놓았다. 도시 곳곳에서 도쿄를 더 감각적으로 보이게 했던 츠타야 서점 분위기와 다케오 시립 도서관이 어울릴까 의문을 가졌을 사람도 많을 것 같다. 그러나 이러한 걱정을 뒤로하고 다케오 시립 도서관에는 츠타야 서점으로 유명한 CCC(Culture Convenience Club)가 입점했다.

CCC는 다케오 시립 도서관의 위탁 운영과 대대적인 리모델링 작업을 맡아 2013년 4월 1일 재개관을 주도하였다. CCC가 도서관 운영을 맡은 뒤 가장 큰 변화는 운영 시간의 연장이다. 이전

연간 100만 명이 찾는 명소, 다케오 시립 도서관

에는 보통의 공공 도서관처럼 오전 10시부터 오후 6시까지 운영했다. 재개관 이후에는 오전 9시부터 오후 9시까지로 운영 시간을 연장하고 연중무휴 365일 운영으로 변경, 이용자들의 편의성을 더 중심에 두고 도서관을 운영했다.

또 자료 보관과 도서 대출이라는 도서관 본연의 기능은 물론이고 그 이상의 시도를 했다. 다케오 시립 도서관은 도서관, 서점, 카페를 융합한 복합 문화 공간 형태로 변신했다. 커피를 마시면서 책을 읽을 수 있고, 공부하고, 일도 하고, 대화도 가능하도록 다양한 라이프 스타일을 배려한 공간으로 거듭났다. 그러자 시민들의 관심도 높아지고 새로운 커뮤니티가 형성되었다. 도서관의 공간도 시민 친화적인 형태로 바뀌었다. 우선 관장실을 없애고 서가 공간을 늘렸고, 아동도서 공간은 155제곱미터에서 217제곱미터로 확장하였으며, 장서 수도 18만 8000권에서 21만 1000권으로 늘렸다. 또 도서관의 좌석 수도 187석에서 217석으로 많아졌다.

가장 눈에 띄는 변화는 이용자수다. 867명에 불과하던 하루 평균 이용자 수가 2529명까지 비약적으로 증가하였으며, 연간 합산하면 약 100만 명에 달했다. 대출 이용자 수도 일일 평균 280명에서 460명으로 증가했는데, 다케오 시민뿐만 아니라 일본 국민이라면 누구라도 도서 대출이 가능하게 하는 등 법적 제도를 수정해 가능해진 일이다.

다케오 시는 도서관을 위탁 운영한 후 운영 비용이 줄어드는 효과를 바로 확인할 수 있었다. 다케오 시가 CCC에 위탁 운영을

다케오 시립 어린이 도서관 내외부 모습

위해 들이는 보조금은 우리나라 돈으로 연간 약 12억 원 정도인데 이는 직영할 때 소요 비용보다 약 2억 원이 준 금액이다. 오히려 이윤이 더 늘어난 셈이다.

명성은 널리 퍼져 일본 전역에서 다케오 시립 도서관으로 찾아왔다. 특히 다케오 시립 도서관을 벤치마킹하기 위해 관광버스를 타고 방문하는 지자체 공무원 행렬이 줄을 이었다. 다케오 시립 도서관의 놀라운 성공을 보고 CCC와 함께 도서관 만들기에 나선 지차체도 생겨났다. 2015년 가나가와 현 에비나 시, 2016년 미야기 현 다가조 시로 이어져 현재 전국 아홉 곳의 도서관을 CCC가 위탁 운영하고 있다.

혁신의 시작은 법률과 규제에서부터

혁신을 시작한 이는 2006년 취임한 히와다시 게이스케 시장이다. 일본 지자체 처음으로 경쟁력을 가지고 도시를 파는 조직이 되라는 취지의 이례적인 조직 '영업부'를 만들었고 페이스북 등 SNS로 시민과 행정의 소통을 담당하는 '연결부'도 만들었다. 또 다케오 온천 근처에 아침 시장을 개설하고, 지역에서 많이 나는 레몬그라스를 지역특산물로 만들었다. 시청 공무원 390명 전원이 SNS 계정을 만들어 소통하게 했으며, 잔업을 금지하고, 지역 밀착형 물산 통신판매 등을 추진했다.

공공 도서관은 원칙적으로 지자체가 관리 운영하는 공공시설이다. 그러나 시설의 설치 목적을 효과적으로 달성하기 위해 시설 관리와 운영을 민간에게 위탁하는 일본의 지정관리제도로 일본 공공 도서관의 약 10퍼센트가 민간 위탁을 하고 있다. 이것은 행정 혁신을 이룰 수 있는 법과 제도를 세세하게 검토하고 과감히 적용, 실행한 결과다.

일본에는 다케오 시립 도서관처럼 전국에 공공 도서관으로 도시의 매력을 이끌고, 지역을 살린 사례들이 늘고 있어 주목할 만하다. 일본의 중소도시 중에는 인구 유출, 고령화 등으로 도시가 소멸될 수 있다는 위기감을 느끼는 곳이 여럿이고 행정의 과제가 막중한 상황이다. 이를 위해 행정이 앞장서서 도시 혁신을 추진해야 한다. 다케오 시립 도서관, 이시카와 현립 도서관, 구름 위 도서관, 우미미라이 도서관, 21세기 미술관 등은 일본 중소도시가 살아남기 위해 문화예술의 힘을 이용하며 도시 혁신을 이룬 결과다.

도시의 거대한 패러다임이 바뀌는 흐름 속에서 창조도시는 여러 요소의 융합을 통해 도시 특징을 살리고, 커뮤니티 의식을 제고시키는 등 다양성과 지속 가능성의 계획을 세우는 데 중요한 기준점이다. 도시의 발전 전략을 바탕으로 각 도시에서는 저마다의 고유성과 특성을 살리는 도시 혁신을 실행해야 한다.

기차가 출발하기 위해서 플랫폼이 필요하듯, 도시 혁신을 위한 플랫폼이 있어야 한다. 도시 혁신을 위한 자유로운 네트워크, 그에 따른 활동을 위한 법률과 제도 지원이 그러한 플랫폼이다. 정책이 유연하게 대응하지 못하면 도시 혁신의 길은 험난할 수밖에 없다.

성공적으로 도시 혁신을 이뤄낸 곳에는 공통점이 있다.
그 공통점을 이해하고 적용해야 새로운 혁신도 가능하다.

러시아 대문호 도스토옙스키는 "예술을 모르면 인생이 외로워진다"라는 말을 남겼다. 그는 미술관을 자주 찾아다니며 작품을 감상하고 행복을 느껴, 미술관을 '인간이 만든 가장 아름다운 곳'이라고 표현할 정도였다고 한다. 이러한 경험은 소설에도 스며들어 있다. 도스토옙스키의 작품 속 인간의 마음을 보면 삶의 순간순간에 문화예술이 얼마나 큰 영향을 미치는지 가늠케 한다. 도스토옙스키는 도시민 또는 도시를 이용하는 이용자의 경험과 체험이 얼마나 중요한지에 대한 문화예술적 접근을 제대로 보여 준 예술가라 말할 수 있다. 도스토옙스키의 예처럼 예술가들이 창조하고, 표현한 문화예술은 도시의 삶을 풍요롭게 하는 매개체가 된다.

패션 부분에서도 창조의 중요성을 자주 찾아볼 수 있다. 패션에서 창조성, 독창성, 개성 하면 떠오르는 존재는 오트쿠튀르다. 오트쿠튀르는 프랑스어 '고급스러운'을 의미하는 '오트haute'와 '바느질'을 의미하는 '쿠튀르couture'가 합쳐진 말이다. 이는 기성복보다 더 섬세하게 만들어진 고급 맞춤 여성복을 의미한다. 처음에는 프랑스 파리의 오트쿠튀르 조합 회원들만 오트쿠튀르 패션쇼를 열 수 있었다. 패션의 리더라 자부했던 프랑스 파리의 디자이너들이 자신의 개성과 창조성을 담아 파격적이고 독창적인 디자인을 내놓았고, 이는 패션 분야가 발전할 수 있었던 기틀이 되었다. 지금도 디자이너들은 자신의 개성과 창의성을 오트쿠튀르 의상을 통해 표현하고 패션 분야의 발전을 이끌고 있다.

패션 분야의 오트쿠튀르처럼 도시도 높은 창조성이 있을 때 변화를 주도할 수 있다. 도시가 창조성을 추구하는 목적은 도시가 가지고 있는 유무형의 문화예술 자산을 발굴하고, 창의적인 아이디어를 실행하여 기존과는 다른 도시의 매력과 환경을 만들기 위해서다. 도시는 도시 혁신을 통해서 도시민들과 도시 이용자들의 기억 속에서 남는 도시, 다시 찾고 싶은 도시, 사람의 발길이 이어지고, 살기 좋은 곳으로 발전하고 변화한다. 그리고 중심에 창조성이 발현되고 있을 때 그 상태가 지속 가능하다.

도시 혁신의 필수 요소는 도시에 활기와 생동감을 불어넣을 수 있는 도시의 고유성과 창조성이다. 이 요소가 잘 구현되었을 때, 도시의 성향이 명확해지고 도시 발전도 가능하다. 도시 혁신에는 다양한 요소가 필요하겠지만 반드시 필요한 '필수 요소'는 크게 네 가지로 좁혀진다. 먼저 도시 자원의 획득과 활용을 위한 자원과 재원Resource이 있다. 도시 재생과 활성화를 위해 활동할 수 있는 예술인, 민간 기업, 기관, 학교 등 조직을 구성하고 참여를 유도하기 위한 자발적으로 참여하는 조직화Organization, 신규 사업과 자원 활용 등의 기반이 되는 법률과 제도 지원Regulation도 필요하다. 마지막으로 도시의 매력을 이끌고, 도시민과 이용자들이 도시를 경험하고 이미지를 만드는 문화예술 활동Activity도 필수 요소다.

문화예술 활동	장소 중심 활동	장소를 중심으로 이미지를 만드는 활동
	사람 중심 활동	사람을 중심으로 이미지를 만드는 활동
	프로그램 중심 활동	프로그램을 중심으로 이미지를 만드는 활동
	환경 중심 활동	환경을 중심으로 이미지를 만드는 활동
자원과 재원		자원과 재원의 활용
조직화		유연하고 자율적인 네트워크로 유기적인 협력체 조직
법률과 제도 지원		법 지원과 규제 수정, 변경, 보완, 추진 등

∴ **도시 혁신의 필수 요소 네 가지와 문화예술 활동 핵심 유형 네 가지**

자원과 재원Resource, 조직화Organization, 법률과 제도 지원Regulation, 문화예술 활동Activity이라는 도시 혁신의 필수 요소를 제대로 준비하고 잘 활용했을 때 도시는 풍성한 매력을 발산하고, 눈에 보이는 형태로 구현해 낼 수 있다. 이를 성공적으로 이끌어내면 시민들이 예술적인 삶을 경험할 수 있고 도시의 경제 발전까지 이룰 수 있다. 필수 요소 중 창의성이 가장 필요한 어렵고도 중요한 요소는 문화예술 활동Activity이다.

문화예술 활동Activity은 도시가 가지고 있는 자산에 따라 여러 유형으로 구현될 수 있다. 도시에 활기를 불어넣고 도시의 매력을 이끄는 다양한 문화예술 활동Activity 중 핵심 유형Type은 다음 네 가지로 장소 중심Place centric, 사람 중심People Centric, 프로그램 중심Program Centric, 환경 중심Pro environment Centric이다. 핵심 유형 네 가지에 대해서는 4장부터 도시 사례와 함께 하나씩 자세히 풀어가고자 한다.

문화예술 활동Activity이 잘 구현되려면 문화예술 인프라가 갖춰져야 한다. 이런 도시에는 자연스레 창조계급이 유입되고 그들이 창조적 삶을 살아가면서 도시의 창조성도 높아진다. 이는 다시 도시의 문화예술 인프라 확충의 동력이 되는 한편 도시민의 삶의 질을 높이고, 거주하기 좋은 환경을 만드는 선순환을 이룬다.

나아가 여러 사례에서 나타난 것처럼 도시를 발전시키는 데 단순히 특정 시설을 신설하거나 문화예술 프로그램, 예술가의 유입 유도에 그치는 것이 아니라 도시 내 역사 문화 자원을 보존하고 문화예술 활용을 통해 그 가치를 높이는 일이 필요하다. 이

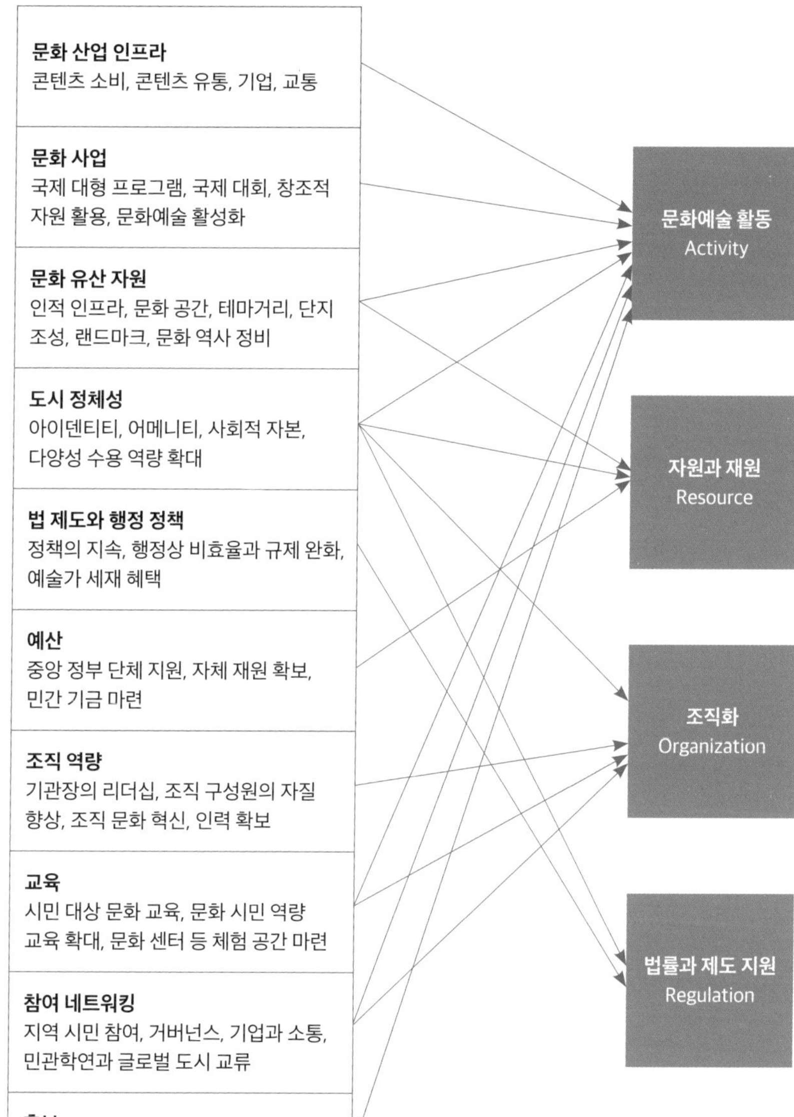
문화 산업 인프라
콘텐츠 소비, 콘텐츠 유통, 기업, 교통
문화 사업
국제 대형 프로그램, 국제 대회, 창조적 자원 활용, 문화예술 활성화
문화 유산 자원
인적 인프라, 문화 공간, 테마거리, 단지 조성, 랜드마크, 문화 역사 정비
도시 정체성
아이덴티티, 어메니티, 사회적 자본, 다양성 수용 역량 확대
법 제도와 행정 정책
정책의 지속, 행정상 비효율과 규제 완화, 예술가 세재 혜택
예산
중앙 정부 단체 지원, 자체 재원 확보, 민간 기금 마련
조직 역량
기관장의 리더십, 조직 구성원의 자질 향상, 조직 문화 혁신, 인력 확보
교육
시민 대상 문화 교육, 문화 시민 역량 교육 확대, 문화 센터 등 체험 공간 마련
참여 네트워킹
지역 시민 참여, 거버넌스, 기업과 소통, 민관학연과 글로벌 도시 교류
홍보
신규 정책과 제도, 캠페인, 축제와 이벤트 등 홍보 마케팅, 관광 패키지 상품 개발
문화예술 활동
Activity
자원과 재원
Resource
조직화
Organization
법률과 제도 지원
Regulation

∴ **문화예술을 통한 도시 혁신 필수 요소 도출1**

렇게 되었을 때 도시민과 방문객을 위한 문화예술 활동 공간을 조성할 수 있기 때문이다.

창조도시 연구자들은 문화예술이 지닌 창조적인 역량을 이용하여 사회가 가지고 있는 역량을 이끄는 유럽 도시들의 활동에 주목했다. 문화예술 활동이 가지고 있는 창조성에 착안하여 자유롭고 창조적인 문화예술 활동과 문화적 인프라가 갖추어진 도시들이 혁신적 아이디어가 필요한 기술 지식 집약 산업을 보유하고, 발전시켜 나갈 수 있다고 보았다.

문화예술 중심의 창조도시 중 하나로 꼽히는 일본 가나자와는 공예와 다도 분야의 전통이 유구한 도시이다. 공업화는 다른 도시에 비해 늦었지만 문화예술 자산은 잘 지켜지고 있었다. 가나자와는 도시 혁신을 위해 이런 전통적, 문화·예술적 가치를 구현하는 도시 공간인 시민예술촌을 조성하며 창조도시의 기초를 마련하였다. 이처럼 도시의 내부 자산에 기초해 핵심 가치를 현재에 맞게 잘 구현하고, 창조계급이라는 내부 인적 자산과 문화·예술적 자산이 융합해 시너지를 발휘할 때 도시 경쟁력이 높아진다.

창조도시의 외부 환경적 요인으로는 개방성과 관용, 포용성이 있다. 찰스 랜드리는 다양한 사람들의 공존을 통해 그들의 다양한 재능을 이끄는 것을 창조도시의 전제 조건이라 이야기한다. 창조도시는 개방적이기 때문에 여러 요소들이 모여들고, 다양성을 지니게 된다고 주장한다. 다양성이란 사회적 관용과 포용이 존재할 때 가능하며, 여러 주체와 계층 간에 개방적이고 협력적인 문화를 공유하는 것이라고 의견을 내놓았다.

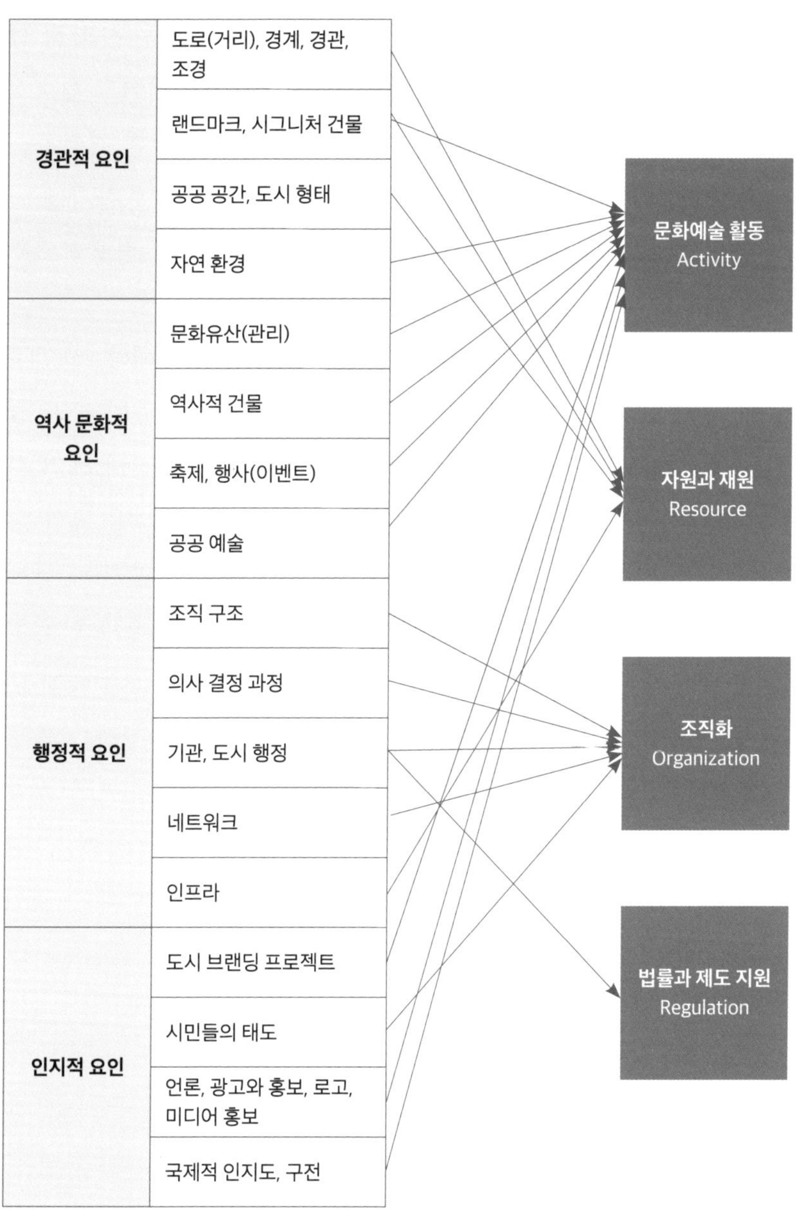

경관적 요인
도로(거리), 경계, 경관, 조경
랜드마크, 시그니처 건물
공공 공간, 도시 형태
자연 환경
역사 문화적 요인
문화유산(관리)
역사적 건물
축제, 행사(이벤트)
공공 예술
행정적 요인
조직 구조
의사 결정 과정
기관, 도시 행정
네트워크
인프라
인지적 요인
도시 브랜딩 프로젝트
시민들의 태도
언론, 광고와 홍보, 로고, 미디어 홍보
국제적 인지도, 구전
문화예술 활동
Activity
자원과 재원
Resource
조직화
Organization
법률과 제도 지원
Regulation

∴ **문화예술을 통한 도시 혁신 필수 요소 도출2**

찰스 랜드리의 창조 이론처럼 창조도시의 형태는 사회적 관용과 포용을 지니고 다양한 주체와 계층 간의 개방적이고 협력적인 문화의 다양성을 도시민, 또 이용자와 나누며 함께 경험하는 것이다. 이는 도시에 에너지를 불어넣고 효용적인 분위기를 만들어 주어 새로운 관계와 통찰력을 제공하고, 도시 경쟁력으로 나타난다.

지금은 도시의 경쟁력이 국가의 경쟁력이 된 시대다. 산업구조 변화로 경쟁력을 잃고 쇠락하는 도시들이 증가하면 국가 경쟁력도 약해지는 결과로 이어진다. 이제 우리는 어떻게 하면 도시의 경쟁력을 높일 수 있나 생각해야 한다. 문화예술을 통한 도시 혁신은 예술 작품, 미술관 유치, 예술가 활동 지원 등과 함께 일어난다. 문화예술의 매력적인 이야기, 시각적 작품과 탁월한 문화적 경험은 한 도시에 살고 있거나 방문한 사람 모두에게 머물 이유가 되고 목적이 된다. 도시 프레임워크를 구성하는 필수 요소 네 가지 문화예술 활동Activity, 자원과 재원Resource, 조직화Organization, 법률과 제도 지원Regulation을 잘 배치해야 하며, 그중 문화예술 활동Activity의 핵심 유형을 파악하고 잘 풀어내는 것이 중요하다.

도시의 다이아몬드 프레임워크

도시 프레임워크는 도시의 설계도와 같다.
이 프레임워크가 다이아몬드 모양이 될 때
가장 이상적인 도시 발전을 이룰 수 있다.

우리가 집이나 건물을 지을 때, 제일 먼저 하는 일은 설계도를 만드는 것이다. 도시 혁신도 다르지 않다. 이상적인 사례 분석을 거쳐 새로운 도시에 적용할 수 있도록 일종의 모형도가 필요하다. 이런 도시 모형도는 프레임워크, 또는 도시 혁신의 설계도라고 할 수 있다. 건축물의 설계도가 단순히 외부 형태를 담는 데 그치지 않는 것처럼 도시에 관련된 프레임워크도 도시에 관한 모든 영역이 어떻게 움직이며 활동할 수 있는지, 그 내용을 담아야 한다. 도시의 많은 요소를 담은 프레임워크는 틀, 규칙, 법칙 등을 뜻하는 '프레임frame'과 일, 작업을 뜻하는 '워크work'의 합성어로 도시 유형을 뜻한다.

21세기 도시는 창의성과 개성, 혹은 고유성을 담은 문화예술 활동을 중요하게 여긴다. 도시 혁신 이해 관계자가 저마다의 위치에서 풀어 나가는 작업이 원활하려면 도시 프레임워크가 중요한 역할을 한다. 앞서 도시 혁신에 필요한 네 가지 요소를 살펴보았다. 이는 실제 현장에서 각각의 요소로 존재할 수 없다. 하나의 프레임 위에서 서로 연결되어 작용한다. 각각의 요소들이 개성과 창조성을 지니면서도 조화롭게 구현되었을 때 성공적인 도시 혁신을 이룰 수 있다.

프레임워크는 도시의 지속적인 발전을 실현하는 데 중요한 기반이고, 이것이 도시 혁신에서 가장 우선시해야 하는 일이다. 이를 이용해 도시 혁신에 성공하여 자신의 도시에 맞는 변화의 방향과 방법을 찾았을 때 거주민뿐만 아니라 세계인에게 사랑받는 도시가 될 수 있다. 그리고 도시 혁신 요소가 잘 융합되었을 때 도시의 환경, 사회, 경제도 한층 나아질 것이다. 그 중심에 문화예술 활동Activity이 있어, 이를 자세히 살펴보려 한다.

먼저, 앞에서 살펴본 문화예술 활동Activity 핵심 유형 네 가지를 다시 한 번 보자. 장소 중심으로 이미지를 만드는 활동인 장소 중심 활동Place Centric Activity, 사람 중심으로 이미지를 만드는 활동인 사람 중심 활동People Centric Activity, 프로그램 중심으로 이미지를 만드는 활동인 프로그램 중심 활동Program Centric Activity, 환경 중심으로 이미지를 만드는 활동인 환경 중심 활동Pro environment Centric Activity 등이다.

문화예술 활동Activity은 도시의 매력을 이끌어 가시적으로 표현하고, 보여 줄 수 있는 활동이다. 이는 도시 정체성을 강화하고 도시의 특징과 성향을 결정짓는다. 문화예술 활동Activity의 네 가지 핵심 유형이 어떻게 구현되는지 구체적인 사례와 함께 살펴보자.

장소 중심 활동
Place Centric Activity

장소를 중심으로 이미지를 만드는 문화예술 활동이다. 조각상이나 건축물 같은 랜드마크, 미술관, 박물관, 콘서트홀, 영화관, 도서관, 문화센터, 카페 및 레스토랑, 문화 공원, 야외 공연장, 놀이기구, 광장, 성당이나 교회 또는 사원 같은 문화유산 등 물리적 공간 환경을 중심에 둔 문화예술 활동Activity이다. 문화예술 공간과 시설 등에서 창조성을 발휘하는 사람들과의 상호 작용할 수 있다.

도시 혁신의 장소 중심 활동Place Centric Activity 모범 사례로는 앞서 살펴본 스페인 빌바오가 대표적이다. 빌바오에서 구겐하임 미술관이 오픈한 이후 연간 100만 명의 방문객이 모여 많은 이들에게 주목받았다. 그 외에도 세계적인 공공미술인 뉴욕의 베슬, 시카고의 크라운 분수, 영국의 게이츠헤드 북방의 천사 등도 기업의 기부채납으로 세워져 도시 이미지를 새롭게 만드는 세계적

포항시와 포스코가 만든 스페이스워크

인 명소가 되었다. 우리나라의 사례 중 포항시의 스페이스워크가 이 유형에 속한다. 포스코와 포항시가 손을 잡고 기부채납 방식으로 제작하고 설치한 체험형 조형물이다. 거대한 롤러코스터 레일 형태의 조형물에 계단이 있어 작품 위를 걸을 수 있다. 시와 기업이 함께 추진하고 지역 관광 개발까지 이어지도록 한 사례로 향후 그 효과가 기대된다.

도시 발전과 혁신을 기대하게 하는 장소 중심 활동Place Centric Activity은 도시 활동의 배경이면서 정체성의 원천이 되며, 다른 도시와 구별되게 하는 고유성을 부여한다. 문화학자 알라이다 아스만은 장소는 기억의 대상이 되기도 하지만, 기억이 장소에 머무른다고 볼 수도 있다고 말했다. 그는 장소를 문자, 그림, 몸에 이어 문화적 기억의 매체로 제시했다. 장소 중심 활동Place Centric Activity은 도시민들과 도시 이용자들의 삶에 스며들고, 도시 발전과 혁신을 이끄는 데 긍정적인 역할을 하며 도시의 특징과 고유성이 된다.

사람 중심 활동
People Centric Activity

사람을 중심으로 이미지를 만드는 활동이다. 음악가, 화가, 건축가 등 창조적 활동을 하는 아티스트는 도시보다 먼저 떠오른다. 비틀즈의 도시 리버풀, 가우디의 도시 바르셀로나, 피카소의 고향 말라가가 그런 도시다. 예술가의 이야기를 중심으로 도시의 가치를 높이는 문화예술 활동을 펼치는 방법으로, 방문객을 불러 모으고 경제적 파급 효과도 기대할 수 있다.

18세기 말부터 19세기 초반 빈에는 베토벤, 슈베르트, 하이든, 리스트, 주페, 브루크너, 브람스, 말러 등이 활동했고 그 유산은 오늘날 빈을 예술의 고향, 세계 음악의 수도로 자리매김하게 만들었다. 쇼팽의 교향 바르샤바, 고흐의 도시 아를, 세잔의 도시 엑상프로방스, 모차르트의 도시 잘츠부르크 등이 사람 중심 활동People Centric Activity의 도시라고 할 수 있다.

우리나라 서울도 BTS의 세계적인 활동 덕분에 최근에는 수많은 나라의 사람들이 방문하고 싶은 곳으로 손꼽는 도시가 되었다. BTS가 앉아서 먹던 삼겹살집은 BTS의 팬덤 아미Army의 성지가 되어 예약조차 불가하게 하는 현상을 만들었다. 해외에서 먼저 더 사랑받으며 팬덤 문화를 넘어 문화예술 자산이 된 세계적인 아티스트가 BTS이다. BTS의 인기와 그로 인한 영향력을 경험하며 우리는 예술가의 활동이 도시와 국가, 그리고 국민에게 어떤 결과를 가져오는지 더 절실히 체감하고 느끼게 되었다.

프로그램 중심 활동
Program Centric Activity

프로그램을 중심으로 이미지를 만드는 활동이다. 지역 축제, MICE(Meeting, Incentive Tour, Conventions, Exhibitions)등 국제 행사, 비엔날레, 올림픽, 아시안 게임, 월드컵, 세계적인 미술 전시 유치 등 대규모 행사부터 문화센터에서 진행하는 일반인 대상 예술교육 프로그램까지 크고 작은 프로그램을 운영한다. 도시를 떠올리면 예술문화 축제 분위기가 떠오를 정도로 도시의 정체성을 구축하는 문화예술 활동이 프로그램 중심 활동Program Centric Activity이다.

전통축제, 문화제, 예술제, 전국 민속경연대회 등으로 연극, 페스티벌, 이벤트가 개최되고 관광객이 방문하면서 도시 활성화와 도시 경제에 영향을 미치는 중요한 프로그램이 되고 있다. 프랑스의 대표적인 문화축제 아비뇽 축제가 그중 하나다. 연극인 장 빌라르의 희생과 노력에서 시작된 작은 연극 축제가 점점 더 많은 사랑을 받으며 세계의 사람들을 아비뇽으로 불러모으고 있다. 매년 7월 중순부터 8월 중순 사이에 개최되는 아비뇽 축제는 1947년 교황청 안뜰에서 공연을 올리는 소규모 지역 예술제로 시작하여 지금은 세계 최대의 연극 축제로 자리 잡았다. 연극은 물론 발레, 음악 등 공연 예술 작품을 성당, 수도원, 학교, 채석장 등 다양한 장소에서 펼쳐 축제 기간에는 도시 전체가 공연장이 된다.

또 브라질의 리우데자네이루에서 열리는 리우 카니발 축제는 매년 2월경에 열리는데 약 200만 명이 축제가 열리는 거리에 모여 열광적으로 즐기는 세계에서 가장 큰 카니발이다. 1723년에 시작된 리우 카니발은 300년 가까이 된 유서 깊은 축제다. 카니발의 중심은 시가행진인데, 삼바 클럽마다 주제를 가지고 의상, 음악 등을 준비하여 참가해 볼거리가 풍성하다.

매년 12월에 미국 마이애미에서 열리는 아트바젤 마이애미는 한 도시를 발전시키고 혁신시키는 데 큰 공을 세워 주목할 만한 사례다. 마이애미는 한때 마약과 범죄의 도시로 선포될 정도로 위험한 곳이라는 이미지가 강했다. 스위스에서 시작된 아트 페어인 아트 바젤이 미국 마이애미에서도 개최되면서 부정적 이미지를 완전히 바꿔 놓았다. 북미 최대의 미술 시장 행사인 아트 바젤 마이애미가 열리는 12월이면 세계 미술계 인사와 콜렉터들이 마이애미로 몰렸다. 그 기간 작품과 행사는 물론 마이애미가 가진 매력까지 알려졌다. 한겨울에도 해변에서 뜨거운 햇살과 파도를 즐길 수 있음을 온몸으로 느낀 사람들 덕에 마이애미는 미국의 대표적인 휴양지로 발돋움했다.

환경 중심 활동
Pro environment Centric Activity

환경을 중심으로 이미지를 만드는 활동이다. 최근 인간과 환경의 조화에 중심을 둔 도시 혁신에 관한 관심이 그 어느 때보다 높아지고 있다. 인간은 사회구성원으로서 사회와 도시 속에서 살아가고, 그 도시는 지구라는 환경 속에 존재한다. 지구의 환경이 사라지면 도시는 물론 그 안의 인간 역시 사라진다. 문화예술을 활용하여 시민들이 환경적으로도 지속 가능한 삶에 관심을 갖고 참여하도록 유도하는 활동이다. 도시가 처한 문제의 해법과 발전 방향을 구성원이 다 함께 모색할 때 지속 가능성이 높아진다. 이를 위해 문화예술 기획·제작자producer, 혁신가innovator를 지원하고 그런 정책을 우선으로 하는 문화 활동이다.

환경 중심 활동Pro environment Centric Activity으로는 많은 이들이 관심을 갖고 지켜보는 사례로 사우디아라비아에서 건설 중인 신도시 네옴의 '더 라인The LINE'이 있다. 높이 500미터, 길이 170킬로미터의 건물 두 개 동을 폭 200미터 간격으로 마주보게 짓는 계획이다. 상주 인구 800만 명을 예상하며 건물 하나가 도시 역할을 할 정도로 거대한 규모의 프로젝트인데 자동차 없이 운행되는 탄소제로 수직 도시를 목표로 하고 시작되었다. 막대한 자본과 까다로운 기술이 복합적으로 들어가는 프로젝트라 실현 여부에 의문을 품는 시선이 많다. 하지만 더 라인 프로젝트를 보며 아르코산티 모델이 자연스럽게 떠올랐다.

아르코산티는 미국 애리조나 소노란 사막 한가운데 세워진 세계 최초의 생태 환경 도시다. 이탈리아의 건축가이자 예술가, 장인이자 철학자인 파울로 솔레리가 도시계획의 르네상스를 꿈꾸며 환경 친화적인 생태 도시 '아르콜로지'를 주장하고, 개념도를 제시하였다. 파울로 솔레리는 생태적이면서도 효율성을 갖고 도시적 삶과 문화의 지속성을 가지는 도시를 만들고자 하였다.

그의 이런 꿈이 담긴 아르코산티 안에는 거주와 오락이 가능한 문화 공간, 농업, 공업 등을 해결하는 자체 시스템이 갖춰져 있다. 많은 도시 연구가들이 친환경적인 생태 도시를 조성할 때 참고하기 위해 찾는 곳이다. 기후 변화, 환경 파괴는 더 이상 정치의 문제가 아니다. 환경 중심 활동Pro environment Centric Activity은 도시 안팎의 사람들이 인간과 자연의 조화로운 삶에 대해서 더 관심을 가지도록 만들 수 있다.

이렇게 인간과 자연의 조화에 대한 구체적인 모색은 ESG(Environmental, Social, Governance)구축의 필요성을 더 강조하는

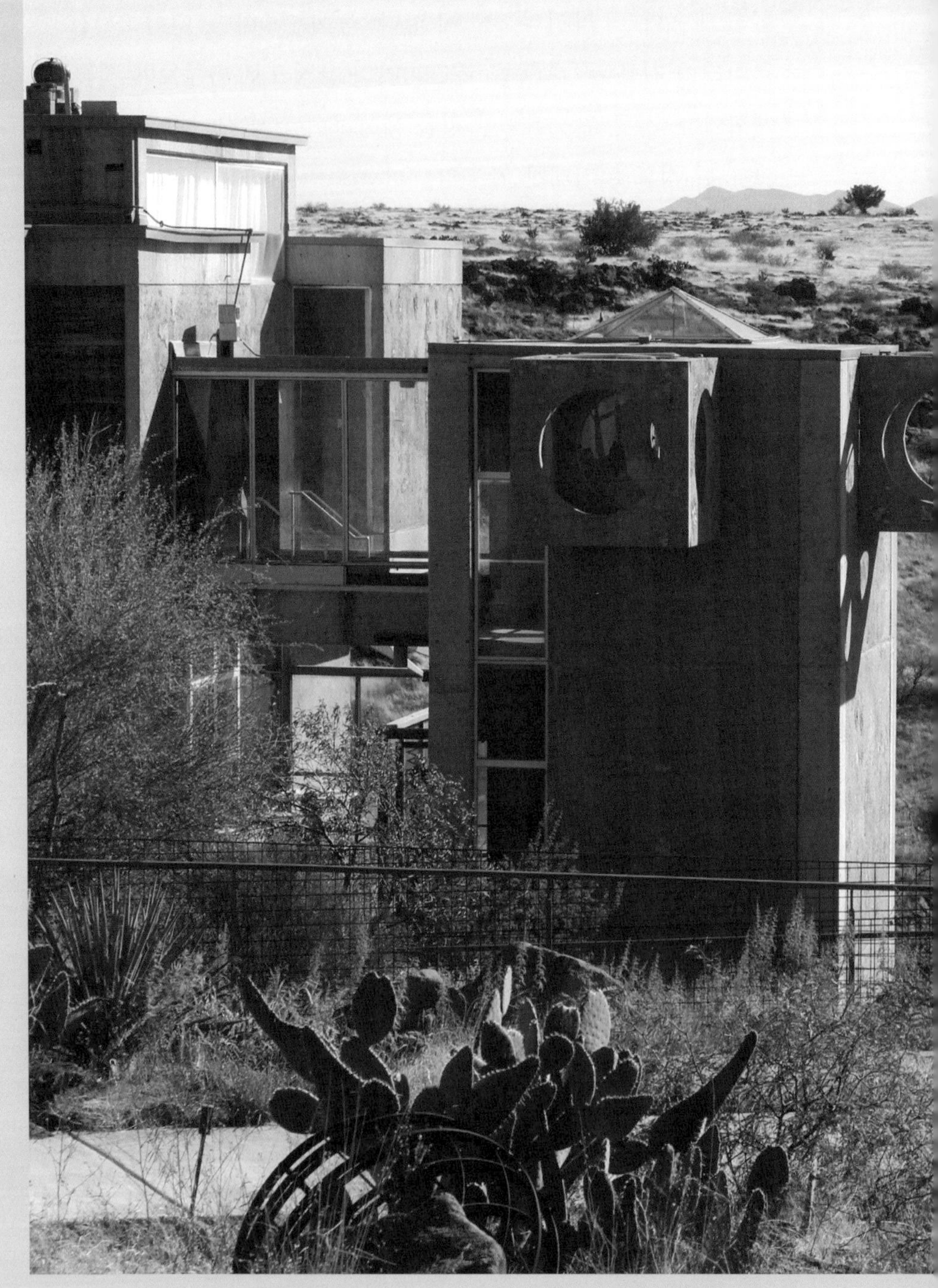

사막 한가운데 세워진 생태 도시 아르코산티

세계적 기류이다. ESG의 바람과 함께 기업도 단순히 '돈만 버는 기업'이 아닌 '사회적 가치를 창출하는 기업'으로 바뀌어야 하는 시대다. 인류가 직면한 위기 해결에 동참할 의지를 확산시키는 일은 도시와 기업이 사회적 책임을 하는 방법이자 지속 가능한 발전을 위해 반드시 해야만 하는 기본 활동이다.

ESG경영은 탄소중립, 폐기물 관리, 자연 복원과 같은 친환경적인 활동을 하는 것, 사회적 문제를 해결에 대한 기업의 책임을 강화하는 것, 그리고 기업의 의사 결정 과정과 구조의 투명성을 확보하는 것이다. 이에 대한 인식이 높아지며 ESG 이슈는 기업에 위협이 되기도 하지만 때로는 기회가 된다. 도시와 시민, 도시 이용자의 삶의 가치를 올리며 기업 가치도 올리는 방법이다.

앞에서 언급했던 도시 혁신을 이루는 네 가지 필수 요소 중 자원과 재원Resource, 조직화Organization, 법률과 제도 지원Regulation을 문화예술 활동Activity과 연계성 측면에서 살펴보자. 조직화Organization는 문화예술 활동Activity에 대한 핵심 유형을 선정한 뒤 이를 추진할 조직을 만드는 일이다. 성공적인 결과를 만들기 위해서는 유연하고, 자율적인 네트워크, 유기적인 협력체가 필요하다. 행정, 산업, 문화, 복지 등 다양한 분야의 이해 관계자들, 비영리 조직과 공공 부문과의 연계 활동이 가능하도록 협력적 거버넌스를 구축하는 작업이다. 문화예술 활동Activity 유형에 따라 협력체의 형태를 잘 구성해서 이뤄 나가야 한다.

그 다음은 법률과 제도 지원Regulation이다. 문화예술을 통한 도시 혁신 과정에서 나타나는 법적 제한으로 진행에 차질이 발생할 경우 행정적 지원을 포함하여 제도와 규정 등을 새롭게 변경, 수정해야 혁신 활동 추진이 원활하다. 도시 혁신 프로젝트를 추진할 때 이 부분에 막히면 제대로 계획을 이뤄 나가기 어렵다. 신규 프로젝트가 혁신적인 경우 대부분 기존 법과 규정에 상충되는 부분이 여러 차례 불거지는데 그때마다 신속한 해결이 필요하다. 이를 대비하기 위해서라도 법 규정을 먼저 검토하고 수정, 보완, 개정, 신규 법안 발의를 도울 관의 추진 협조가 필수적이다. 이는 행정에서 풀어줄 수 있는 업무 영역이다.

자원과 재원Resource을 파악하고 확보하는 것도 중요하다. 도시에 어떤 자원이 있고, 재원 조달 규모가 얼마나 되는지 출처가 어디인지 규정해야 한다. 문화예술 활동Activity을 위한 장소 만들기, 시민들이 이용할 수 있는 형태의 공간 꾸미기, 예술가 활동 지원 등 물리적인 자원과 재정적 예산이 포함되어야 한다. 물리적 장소를 이용하기 위해서는 장소 자원에 대한 사용 승인이 필요하다. 또 이 장소 자원 운영 예산도 뒷받침되어야 한다. 그렇지 않으면 문화예술 활동Activity은 유명무실해진다. 도시 행정부의 문화예술 활동Activity를 위한 예산 책정은 대부분 한정적일 수밖에 없다. 따라서 재원 마련을 위한 기업과의 거버넌스, 자발적인 기부를 이끌어 내는 사회 분위기 조성이 필요하다. 자원과 재원Resource이 확보되어 마음껏 문화예술 활동Activity을 추진할 때 도시의 매력은 돋보일 수 있다.

지금까지 살펴본 도시 혁신을 위한 네 가지 필수 요소 문화예술 활동Activity, 자원과 재원Resource, 조직화Organization, 법률과 제도 지원Regulation, 그리고 문화예술 활동Activity 유형을 네 가지로 분류한 핵심 유형인 장소 중심 활동Place Centric Activity, 사람 중심 활동People Centric Activity, 프로그램 중심 활동Program Centric Activity, 환경 중심 활동Pro environment Centric Activity은 도시 변화의 기준점이 된다. 어떻게 도시 계획과 정책을 세우고 실현하느냐의 기준이 되며, 도시의 특성과 도시가 지향하는 바, 도시의 성향을 나타내는 잣대가 된다.

또 이들 요소를 어떻게 배치하느냐에 따라 도시 유형이 결정되는데, 여러 사례를 분석해 보면 다이아몬드형일 때 지속 가능하며 발전적이고 혁신적인, 가장 이상적 도시 모습이었다. 이렇게 도시 혁신을 이루는 네 가지 요소가 어우러져 상징화Symbolization하는 과정을 거치며 도시 이미지가 구축된다. 이 프레임워크를 '도시 혁신 다이아몬드 프레임워크'로 이름 붙였다. 또 도시를 구축하는 과정에서 강력한 서사의 조화를 이루어 하나의 도시 모형이 탄생하게 되는데, 이렇게 탄생한 것이 도시 정체성이자 도시의 고유성을 상징하며, 도시가 지닌 창조성을 보여 준다.

다음 장부터 구체적인 사례를 통해서 도시 혁신을 거쳐 지속 가능한 경쟁력을 갖춘 도시를 살펴보겠다. 또 사례 도시에 도시 혁신의 다이아몬드 프레임워크를 적용해 분석하며 변함없는 아름다움을 지닌 다이아몬드처럼 오랫동안 도시의 지속적인 발전을 이끌어갈 방법을 알아볼 예정이다. 또 도시와 함께 문화·예술의 기능이 유기적으로 연결된 모습과 함께 각 사례를 자세히 분석하여 일련의 일들을 도시 혁신의 다이아몬드 프레임워크

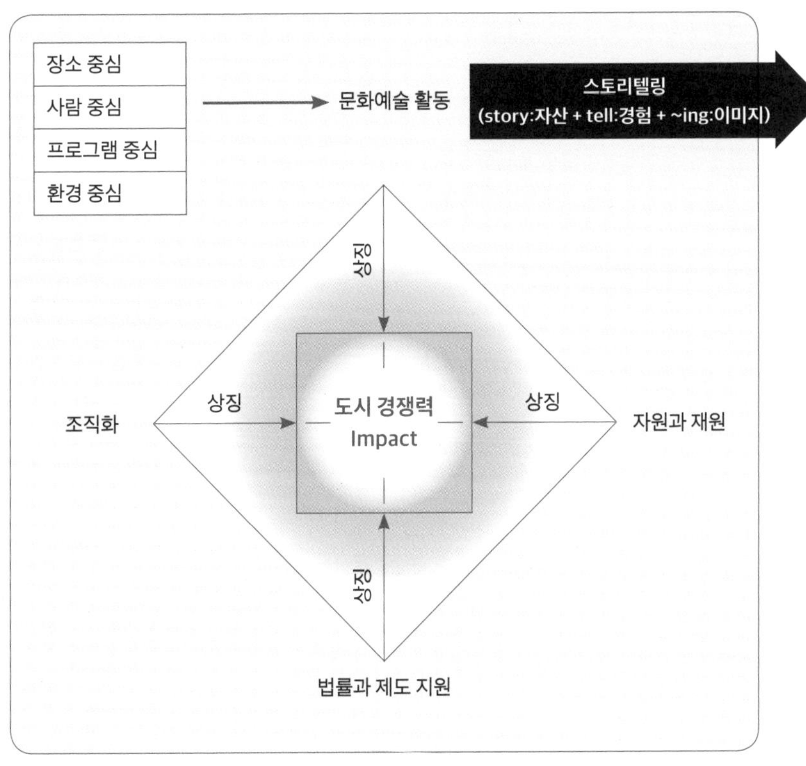

∴ **문화예술을 통한 도시 혁신 다이아몬드 프레임워크**

로 펼쳐 보이려 한다. 도시 혁신을 이루고자 하는 다른 도시들의 길잡이가 될 수 있는 프로세스Process 분석과 각 도시의 상징화Symbolization 과정을 통해 도시에 맞는 스토리텔링을 구현하는 방법도 살펴볼 계획이다. 멀게 느껴졌던 사례도 구체적으로 뜯어보면 현실에 도입 가능한 해법을 발견하고 영감을 얻을 수 있다고 믿는다.

4

도시 혁신에 성공한 네 개 도시

휴식처로 변신한, 리틀 아일랜드

장소 중심 활동

사람들을 다시 꿈꾸게 하고 희망을 주며
쉼과 회복을 선물하는 뉴욕의 보물섬,
리틀 아일랜드

세계의 트렌드를 이끄는 뉴욕, 이곳의 시계는 그 어떤 도시보다 빠르게 흘러가는 듯하다. 바삐 움직이는 뉴욕 맨해튼 서쪽, 초록으로 둘러싸인 허드슨강 근처에 섬이 하나 있다. 창의성과 독창성이 넘치는 리틀 아일랜드라는 섬이다. 21세기 도시 재생이 나아가고자 하는 방향성이 응집된, 도시 혁신을 이야기할 때 가장 먼저 떠오르는 뛰어난 사례이다.

리틀 아일랜드는 자연적으로 생긴 섬이 아니라 인간의 손길로 생겨난 섬이다. 이 특별한 건축물은 화려한 도시의 경관에 관한 생각을 재정의한 사례이자, 도심 공간에 생명을 불어넣어 죽어 가는 지역을 되살린 도시 재생의 성공적인 사례로 손꼽힌다. 아름다운 노을을 품은 허드슨 강가의 리틀 아일랜드, 도시민이 외면하던 낡은 부둣가에서 사랑받는 휴식처로 재탄생하기까지는 여러 노력이 있었다.

첼시의 이 부둣가는 1910년에 준공된 유럽의 이민자들이 들어오는 미국의 관문이었다. 초호화 여객선들로 분주하고 화려했던 미국의 상징이자 아메리카 드림의 상징이었다. 한때는 사람들이 붐비던 첼시의 부두는 한순간 침몰한 배와 함께 서서히 침체의 심연으로 빠져든다. 1912년 영국 리버풀을 떠나 뉴욕 첼시 54번 부두에 들어오기로 한 타이타닉호가 바다 한가운데에서 침몰하면서부터였다.

그 후 미국의 경제 악화로 주식 폭락이 이어졌고 첼시 부두를 이용하던 부자들이 파산하는 일이 발생했다. 그리고 되돌릴 수 없는 일이 일어났다. 바로 첼시 54번 부두 전체가 불에 타버리는 비극이 발생한 것이다. 우여곡절 많은 시간을 겨우 버티다 항공 등 다른 운송 수단이 발달하며 첼시 54번 부두는 몰락, 끝끝내 방치되고 쓰레기만 휘날리는 우범지역이 되었다. 2012년에는 허리케인 샌디의 피해를 입어 한층 황폐해졌고 사람들의 발길도 뜸해졌다. 쓰레기가 날리고 노숙자가 배회하는 낡은 부둣가로 그렇게 세월 속에 잊혀져 갔다. 결국, 도시의 구조나 경제적, 사회적 구조 변화와 같은 요인으로 쇠락한 지역이 되었다.

그러다가 2021년, 그 오래된 첼시의 54번 부두에 놀라운 변신과 혁신으로 다시 사람들이 붐비기 시작했다. 그 옆 55번 부두 역시 활기찬 에너지가 가득 차기 시작했고 환한 표정으로 사진을 찍는 사람들, 자연과 공연을 즐기는 사람들로 북적였다. 첼시의 54번과 55번 부두에 새로운 섬, 리틀 아일랜드가 탄생한 것이다.

난관을 뚫고 태어난
뉴욕의 보물섬

리틀 아일랜드 프로젝트는 비영리단체인 허드슨 리버 파크 트러스트가 주도하고 영국의 건축가 토마스 헤더윅과 창의적인 조경가 시그니 닐슨이 합류하면서 활발하게 진행되었다. 설계를 맡은 건축가 헤더윅은 허리케인이 휩쓸고 간 자리에 남은 작은 기둥 잔해에서 많은 영감을 받았다고 한다. 리틀 아일랜드 옆에는 2019년 등장한 헤더윅의 또 다른 작품 베슬도 있다. 16층 높이에 내부 공간 없이 계단으로만 이루어져 허드슨강과 맨허튼 풍경을 다양하게 조망하는 건축 작품이다. 헤더윅은 허드슨강 일대의 도시 재생 사업 성공을 위해 이목을 끄는 건축물을 설계했고, 먼저 오픈하여 성공하였다. 이렇게 헤더윅을 중심으로 첼시 54번가의 도시 혁신은 시작되었다.

리틀 아일랜드가 만들어지고 운영되는 데는 기업가의 재정적 기부가 큰 역할을 했다. 온라인 여행사 익스피디아 회장 베리 딜러와 그의 아내 다이앤 본 퍼스텐버그가 한화로 무려 3000억 원에 달하는 금액을 기부했다. 아무리 창의적인 아이디어가 있었더라도 이들의 기부가 없었다면 인공 섬, 리틀 아일랜드를 만들 수 없었을 것이다. 뉴욕타임즈도 이들의 기부를 '역대급 기부'라고 보도할 정도였다.

이렇게 자금을 확보하면 일은 일사천리로 진행할 것 같지만 사실 우여곡절이 많았다. 뉴욕 시민단체와 환경단체가 프로젝트에 반대하며 소송을 제기했다. 그 이유는 시민들이 이용하는 공원을 한 사람의 기부로 짓는 일은 있을 수 없다며 공유지가 재벌의 사유지가 되어선 안 된다고 반대를 한 것이다. 법정 다툼은 2년간 이어졌고 법원은 리틀 아일랜드 쪽의 손을 들어 주었다. 공공미술은 모든 계층의 사람들이 조건 없이 누릴 수 있는 문화예술이다.

여러 문제를 해결하며 탄생해 뉴욕의 보물섬이 된 리틀 아일랜드는 맨해튼 서쪽 허드슨강 위에 있다. 9700제곱미터 크기에 132개의 거대한 콘크리트 기둥이 떠받치고 있는 섬, 인간의 손길로 조성한 수상 공원이다. 공원에는 산책길과 잔디 언덕, 계단 등 쉴 수 있는 공간, 그리고 공연장 등이 있다.

도시의 오래된 흔적을 정체성으로 살린 디자인

리틀 아일랜드를 매력적으로 돋보이게 만드는 부분은 누가 뭐래도 132개의 거대한 콘크리트 기둥이다. 강물에서 솟아오른 높고 낮은 기둥이 푸른 공원을 떠받들고 있는 느낌이다. 이런 창의적이고 창조적인 구조는 어떻게 탄생했을까. 건축가 토마스 헤더윅은 리틀 아일랜드 프로젝트를 시작하며 허드슨강의 부두를 두루 돌아보았다고 한다. 여러 부두 중 유독 그에 눈에 들어온 곳은 낡고 형태도 사라져 가는 55번 부두였다. 허리케인으로 파괴된 것들 사이 허드슨강에 세워져 있는 낡은 나무 말뚝에서 영감을 받았다. 부두로 사용하던 때 배를 정박하기 위한 말뚝이었다. 헤더윅은 그 잔해를 없애지 않고 정체성으로 살리는 방향으로 마음을 먹었다. 부둣가의 정체성을 잇고자 콘크리트 말뚝을 튤립 줄기로 삼은 것이다. 이렇게 도시에 남아 있는 유산을 창의적으로 해석한 결과 지금과 같은 구조의 디자인이 나왔다.

콘크리트 말뚝 기둥 위 튤립 모양 구조물 하나하나는 화분 같은 형식이다. 제각각 다른 모양과 높이로 만들어 촘촘하게 연결해 강바닥에 세우고 흙을 담았다. 이것이 섬의 구조가 되었다. 이 튤립 기둥을 만든 헤더윅은 구조물을 지탱하는 데 필요한 새로운 콘크리트 말뚝을 물 밖으로 내보내고, 하늘로 뻗게 함으로써 자연경관을 조성할 수 있었으며, 리틀 아일랜드의 시그니처가 되었다. 이렇게 리틀 아일랜드의 시그니처가 된 튤립 기둥 화분은 기둥 역할을 하면서 화분이 되기도 하고, 화분이 모여 공원의 표면을 형성하도록 했다.

한편 다양한 높이의 기둥은 공원에 높낮이를 만들어 공간에 재미를 더했다. 서로 다른 높낮이로 오르락내리락하는 구조는 물결처럼 보이기도 하는데, 이것은 강물 위를 떠다니는 나뭇잎에서 영감을 받은 것이다. 섬 위에는 자연스럽게 구불구불한 산책로도 조성했는데 많은 도시민들에게 사랑받는 길이 되었다. 그 길을 따라 걷다가 보면 위치마다 다른 높이와 각도에서 허드슨강의 풍경을 볼 수 있고, 탁 트인 뉴욕의 스카이라인도 볼 수 있다. 한마디로 창의적인 구조체이다. 이 작은 섬은 맨해튼과 두 개의 다리로 연결되어 이용하기에도 편리하다.

높낮이와 모양이 다른 튤립 모양의 화분 기둥에는 수백 종의 다양한 식물을 심어 도시민과 이용자가 자연의 아름다움을 느낄 수 있도록 했다. 이러한 공간 구분은 자연 생태도 고려한 설계다. 구석 부분을 들어 올려 해양 서식지까지 햇빛이 다다르게 했고, 서서히 낮아지는 가장자리는 언덕과 조망 지점을 명확하게 만들어 자연 식물이 잘 자라게 하였다.

높이가 제각각인 구조는 자연환경에만 영향을 주는 것이 아니다. 이런 굴곡 속에 단차가 생기며 자연스럽게 원형극장이 자리를 잡을 수 있었다. 또한 리틀 아일랜드에서 펼쳐지는 연극과 공연 음향에도 도움이 되었다. 즉, 음향을 위한 최적화된 시설을 만들 수 있었으며, 관객은 허드슨강의 전망과 아늑함을 리틀 아일랜드 여러 위치에서 즐길 수 있다.

계획부터 완성까지 10년이 걸린 리틀 아일랜드, 이 인공 섬에는 700명을 수용하는 야외극장이 강쪽에 배치되어 있다. 메인 공연장은 최대 3500명을 수용할 수 있고, 소공연장은 200명을 수용한다. 이 공연장들은 도심 소음에서 벗어나 허드슨강 노을을

리틀 아일랜드 튤립 모양 콘크리트 구조물

배경으로 야외 공연을 즐길 수 있는 낭만적인 문화공간이며, 휴식의 공간이다.

이렇게 탄생한 리틀 아일랜드 섬은 하나의 작품으로 다가온다. '따로 또 같이'라는 말처럼 하나하나 개성 가득하면서 또 모두 하나의 주제로 보이는 듯 연관성이 있다. 도시 혁신은 죽어가던 첼시의 부둣가에 마치 숨결을 불어넣듯 활기를 되찾아 주었다. 디자인적 아름다움을 살리면서도 자연 생태, 정체성을 모두 담을 수 있었던 것은 창조성과 환경을 살리려는 여러 사람들의 노력이 있었기 때문에 가능했다.

그야말로 뉴욕의 인적이 드문 지역을 활력 넘치는 공원으로 변신시켜, 도시 혁신의 성공적인 사례 중에서도 가장 창의적인 곳으로 평가받고 있다. 헤더윅의 설계도처럼 창의적인 생각, 즉 창조성이 새로운 도심 공간을 만드는 데 큰 역할을 했다. 이러한 창의적인 도심 설계는 리틀 아일랜드를 쾌적한 환경으로 만들었고, 그것을 시민들에게 제공하게 하였다. 또 자연 생태계가 형성되어 야생동물도 서식하는 등 인간과 자연이 함께하며 희망을 품고, 공존할 수 있는 곳이 되었다.

주변 공간, 시민, 지역 기업, 예술가와 함께 만든 조화

주변과의 조화, 연계성도 주목할 부분이다. 근처에 휘트니 미술관, 베슬, 하이라인 산책길이 한 번에 연결되어 있어 도시민들에게 '힐링 공간'이 되어 주고 있다.

리틀 아일랜드 야외 공연장.

방문객들은 높은 전망대 베슬에 올라 자연에 몰입하면서도 도시 구조 안에 머물 수 있는 경험을 한다. 또 리틀 아일랜드의 모습을 다양한 각도와 높이에서 조망하며 즐길 수 있게 한다.

리틀 아일랜드는 문화예술을 활용하여 시민의 일상에 창조적 자극을 주는 공간이다. 길을 걷는 것만으로도 자연과 건축, 조경의 아름다움을 느낄 수 있지만 수시로 펼쳐지는 공연도 풍성해 만족도를 높인다. 음악, 댄스, 서커스, 연설 등 다양한 공연과 프로그램이 일주일에 6일 동안 진행된다. 뉴욕 브로드웨이 공연자들의 깜짝 공연부터 유명한 뉴욕 예술단체와 함께하는 특별 공연과 이벤트까지 다양하게 운영한다. 모든 연령대를 위한 창의적인 워크숍, 어린이 예술 박물관 및 작은 도서관을 포함하여 주 6일 무료 교육 프로그램도 운영하고 있다.

지역 조직인 그리니치 하우스Greenwich House, 서드슨 길드Hudson Guild와 파트너십을 맺고 PS33, 더 도어The Door 및 웨스트베스Westbeth에서는 프로그래밍 및 무료 티켓 제공, 예술가 교육 워크숍, 상주 예술가와의 협업 기회 제공이 계획되어 있다. 음료와 음식 메뉴는 소규모 지역 기업을 지원하는 데 초점을 맞춰 운영하며, 매일 오후 7시부터 11시까지는 와인, 맥주, 칵테일을 판매한다. 리틀 아일랜드에서 활동하는 탭댄스 안무가, 극작가이자 감독, 배우, 가수 및 음악감독, 연기, 뮤지컬 및 스토리텔링 그룹이 프로듀서 팀과 협업하여 프로그램 큐레이팅과 감독을 한다.

리틀 아일랜드가 탄생하기까지 프로젝트의 중심에는 뉴욕이라는 도시의 특징을 살리고 도시민이 편히 쉴 수 있는 공간을 만

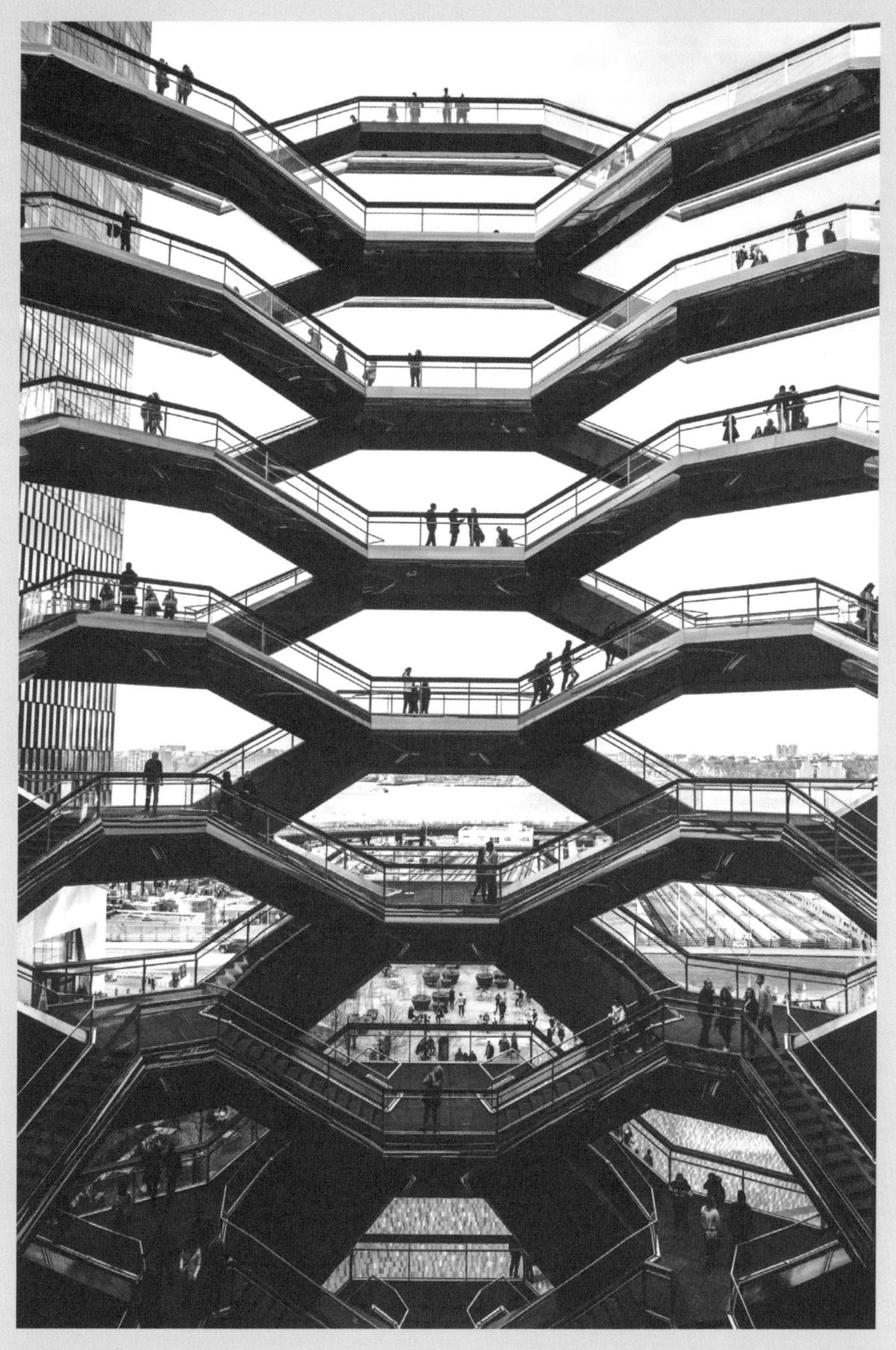

실내 공간 없이 계단과 전망대로 이뤄진 베슬

들자는 목적이 굳건했다. 자연이 주는 편안함과 창의적인 문화 예술 프로그램을 직접 체험할 수 있도록 기회를 제공하는 등 창조성을 바탕으로 하는 도시 혁신을 통해 그 결과를 도시민들과 이용자들에게 되돌려 주었다.

바쁜 도시의 일상에서 벗어나 쉼, 위안, 회복을 주는 동시에 문화, 자연, 도시 생활이 공생하는 관계를 조성할 수 있는 안식처를 구상했다. 허드슨강 위에 떠 있는 공원이라는 콘셉트로 시작된 이 비전은 맨해튼 주민과 방문객의 마음을 사로잡을 전례 없는 시도를 위한 발판을 마련했다. 리틀 아일랜드가 조성되는 데 있어서 가장 중요하게 고려한 점은 리틀 아일랜드가 섬이 되게 하는 것이었다. 그리고 자연과 조화롭고 주변 환경에 견딜 수 있으면서도 안정적이고 튼튼한 지지 구조가 필요했다. 이렇게 리틀 아일랜드의 기초를 형성하는 튤립 화분 모양의 조각 기둥을 클러스트로 만든 시도가 성공적 결과를 이끌었다.

클러스트 구조물은 허드슨 강바닥에 미치는 충격을 최소화하면서 리틀 아일랜드의 전체 무게를 고르게 분산시켰다. 또한 리틀 아일랜드는 인공 섬이지만, 창조 정신과 함께 창의적인 건축가, 그리고 도시와 기업, 민간단체 등의 협력 등의 조화로 새로운 생태계를 만들어 냈다.

즉, 리틀 아일랜드 프로젝트의 핵심은 창의성이 높은 건축 설계, 정밀한 클러스트 구조물을 이용한 공학적인 접근, 도시와 자연 그리고 도시민이 함께할 수 있는 공존과 융합의 정신을 구현하는 데 있다. 설계와 구상부터 이를 뒷받침하는 복잡한 공학적

업적에 이르기까지, 인간의 상상력과 팀워크의 무한한 잠재력을 보여 주며 도시 혁신 결과를 빚어낸 것이 뉴욕 첼시의 보물섬으로 탄생했다. 그리고 도시 혁신의 스토리텔링을 담은 서사를 완벽하게 구축할 수 있었다.

리버풀, 산업도시에서 음악의 도시로

사람 중심 활동

비틀즈 스토리는 지금도 현재 진행형이다. 그들이 태어난 도시, 바로 리버풀에서 그 전설이 이어진다.

잉글랜드 북서부 항구 도시 리버풀은 머지강과 아이리시해가 만나는 웨스트 랭커셔의 해안 평지에 위치한다. 리버풀이라는 말은 우리 신체 장기 중 간肝을 뜻하는 '리버liver'와 하천 수역이나 개울을 뜻하는 '풀pool'의 합성어로 강가의 지형을 표현한 지명이다. 이는 약 1190년 즈음 고대 영어 'Liuerpul'에서 유래된 단어로 '흙탕물이 있는 웅덩이'라는 뜻에서 시작된 것으로 알려져 있다.

지금의 리버풀을 이해하려면 우선 산업혁명 시기로 올라가야 한다. 영국에서 시작된 산업혁명, 그 가장 중심에 있던 도시가 리버풀이다. 영국이 면직물 산업을 시작하면서 맨체스터는 기계, 식품, 화학, 전자 등 세계 상공업 중심 도시로 성장했다. 맨체스터와 가까운 항구 도시 리버풀은 맨체스터의 외항으로 함께 발전했고, 점점 도시 규모가 커졌다. 19세기에는 세계 무역 물량의 절반이 리버풀 항구를 거쳐서 빠져나갔다고 할 만큼 세계적인 무역항이었다. 또 리버풀과 맨체스터 간의 철도는 세계 최초 두 도시 간 철도 연결이라는 명예로운 수식어와 함께 리버풀의 호황을 이끌었다. 영국의 수도 런던보다 부유해 '대영제국은 리버풀 덕에 가능했다'라는 말까지 있을 정도로 찬란한 시기를 보냈다.

부유했던 리버풀의 몰락

이러한 리버풀은 역사적으로 크게 격랑에 휩쓸렸다. 첫 번째는 우리에게는 영화로도 유명한 사건과 관련이 있다. 뉴욕을 향해 항해하다 빙산과 충돌해 대서양에 침몰한 타이타닉호가 출발한 항구가 리버풀이다. 두 번째로는 아프리카와 유럽 그리고 아메리카를 연결하는 삼각무역, 즉 세 지역 간의 무역에서 중간 지대가 리버풀이었고 흑인 노예의 집결지 역할을 했다. 그리고 세 번째로는 제2차 세계대전 때 폭격 피해를 입어 잠시 그 빛을 잃을 수밖에 없었다.

19세기에 접어들어 산업의 구조가 급격히 변하면서 리버풀 경제는 위축되기 시작했다. 여기에 제2차 세계대전 동안 독일군의 폭격으로 주요 항만 시설이 심각하게 파괴됐다. 전쟁이 끝난 후에는 대형 컨테이너를 이용한 화물 수송이 보편화되면서 재래식 항만인 리버풀은 과거와 같은 도시 경쟁력을 유지할 수 없었다.

이에 영국 정부는 1981년 리버풀에 도시 재생 사업을 주도할 '머지사이드개발공사'를 설립했다. 기존 항만 시설을 재활용하고 기반 시설을 정비해 민간 투자를 유치하여 지역 사업을 키우는 데 초점을 맞췄다. 하지만 유럽 도시 중 가장 쇠퇴한 도시인 리버풀이 단기간에 투자를 유치하는 데는 한계가 있었다.

머지사이드개발공사는 이러한 현실 인식을 바탕으로 도시 재생 사업을 추진하기에 앞서 기반 시설을 정비하고 도시 환경을 개선하는 방향으로 접근했다. 그러면서 물류 시설로서는 쓸모가 없지만 위치나 규모 면에서 해양 도시의 정체성을 유지하면서 새로운 가능성을 찾기에 충분한 머지강변의 항만 시설에 주목했다.

비틀즈와 함께한 도시 재생의 시작

지금 리버풀하면 가장 먼저 떠오르는 것은 축구이다. 프리미어리그에서 리버풀FC와 에버튼FC 두 팀이 리버풀을 연고지로 하고 있다. 프로 스포츠에서 연고지가 같은 팀들은 주로 라이벌 관계를 형성하는데 리버풀FC와 에버튼FC의 경기는 '머지사이드 더비Merseyside Derby'로 불린다. 리버풀과 함께 떠오르는 또 하나는 바로 비틀즈이다. 팝의 레전드 비틀즈의 흔적을 찾아 세계 곳곳에서 매일같이 수많은 사람들이 리버풀을 찾고 있다. 도시 재생 사업에 나섰다가 민간 자본 유치의 난관에 부딪혔던 리버풀이 마침내 도시 혁신을 이루고 오늘날의 모습을 갖출 수 있었던 데는 레전드 팝그룹 비틀즈의 역할이 크다.

리버풀은 비틀즈의 고향이다. 비틀즈가 탄생한 곳이 리버풀이며, 최초로 라이브 공연을 했던 곳도 리버풀 캐번 클럽으로, 세계에서 비틀즈 팬들이 몰려드는 명소가 됐다. 비틀즈는 리버풀의 자랑이자, 더 나아가 영국의 자존심이라 불린다. 그 엄청난 가치를 발판 삼아 리버풀은 비틀즈의 도시로 브랜드화에 나섰다. 곳곳에 비틀즈의 흔적을 콘텐츠로 이용했고 2009년에는 리버풀 호프대학 석사 과정에 '비틀즈 학과'가 개설되었다. 리버풀의 공항 이름도 '리버풀 존 레논 공항'일 정도다. 리버풀에서 비틀즈가 미치는 영향이 얼마나 큰지, 비틀즈로 인해 리버풀이 얼마나 강력한 브랜드를 갖게 되었는지 알 수 있다.

리버풀 어디를 가든 비틀즈의 흔적은 어렵지 않게 찾을 수 있지만 전 세계에서 방문한 팬들이 가장 먼저 찾는 곳은 비틀즈 뮤지엄인 '비틀즈 스토리'다. 비틀즈가 활동할 무렵 리버풀의 모습, 주요 노래에 등장하는 장소와 그에 숨겨진 이야기 등을 무료로 제공되는 오디오 가이드와 함께 감상할 수 있도록 하였다. 이제는 비틀즈의 팬이 아니더라도 리버풀에 방문한다면 무조건 들르는 곳이 되었다.

반세기가 훌쩍 지난 오늘날 비틀즈는 없지만 비틀즈를 향한

비틀즈가 첫 공연을 했던 캐번 클럽

동경과 갈망과 열망은 사그라지지 않고 있다. 비틀즈의 노래는 여전히 곳곳에서 들리고, 리메이크된다. 지난 50년간 비틀즈를 그리워한 수많은 아티스트와 팬들이 비틀즈의 공연을 패러디하고 재연했다. 그들의 이미지를 다양한 상품과 작품에 활용한다. 그리고 비틀즈의 흔적을 찾아 비틀즈의 도시 리버풀로 향한다.

끊임없이 복제와 재생산이 이루어지는 밈의 대상 비틀즈

비틀즈는 1960년 영국 리버풀에서 결성된 존 레논, 폴 메카트니, 조지 해리슨, 링고 스타로 이루어진 4인조 록밴드다. 전 세계인 중 비틀즈를 아는 사람의 수를 조사하는 것보다, 비틀즈를 모르는 사람의 수를 조사하는 것이 더 훨씬 빠를 것이다. 비틀즈는 지금까지 많은 이들이 다양한 형태로 모방하고 재해석, 재생산하는 독보적인 콘텐츠로 자리매김하고 있다. 특히 1969년 8월 8일 한 횡단보도에서 찍은 그들의 마지막 앨범 〈Abbey Road〉 앨범 커버 사진은 셀 수 없는 사람들이 따라할 만큼 인기다. 멤버 4명은 일렬로 서서 횡단보도를 걷고 있는데 한 명은 맨발로 한 손에 담배를 들고 있다. 사진 속 비틀즈 멤버 4명 모두 표정은 심각했고, 냉랭한 분위기다.

이 앨범 커버에는 비하인드 스토리가 있다. 영국 런던에 있는 도로 애비로드는 비틀즈가 한창 해당 앨범을 녹음하던 스튜디오 근처였다. 이 앨범이 특별한 이유 중 하나는 앨범 표지 어디에도 이름이 없다는 점이다. 그때 이미 멤버들끼리 불화가 심한 상황이었다. 앨범 커버 사진을 찍는 것조차 귀찮아 스튜디오와 가까운 곳에서 그냥 촬영했다. 그런데 이 앨범 커버가 비틀즈 앨범뿐만 아니라 팝 역사를 통틀어 손꼽히는 유명한 사진이 되었다. 비틀즈의 얼굴만으로 모든 것이 설명된 앨범이었다.

비틀즈의 팬이 아니더라도 애비로드에 가면 앨범 커버를 따라 꼭 사진을 찍는다. 또 애비로드가 아더라도 그 비슷한 횡단보도에서 따라하는 사진으로도 유명하다. 사실 겉모습은 어디에서나 볼 법한 조용하고 잔잔한 런던 어느 골목인데, 애비로드 가까이 가면 '저곳이다' 하고 알아차릴 수 있다. 횡단보도 양끝에 옹기종기 사람들이 모여서 웅성거리고, 삼삼오오 모여 앨범 커버 속 비틀즈처럼 횡단보도를 걷는 관광객들과 그들을 찍어 주는 일행들, 인생샷을 찍기 위해 기회를 엿보는 이들, 사진 찍는 관광객 때문에 길이 가로막혀 지나지 못하는 자동차들의 경적소리까지 시끌시끌하다. 짧고 조그마한 횡단보호를 사이에 두고 영국을 대표하는 전설적인 록 밴드의 성지에서 벌어지는 풍경이다.

앨범이 제작된 이후 반세기가 지난 지금까지도 전 세계 사람들이 복제에 복제를 거듭하고 있다. 이것이 바로 요즘에 나오는 밈이라는 의미와 통하는 것일지도 모른다. 밈이라는 단어를 모르면 유행에도 감각에도 떨어지는 느낌이 들 정도로 밈이 유행이다. 사실 이 밈은 1976년도부터 유래된 말이다.

영국의 작가 리처드 도킨스는 그의 저서 《이기적 유전자》에서 밈meme은 학술 용어 'meme'에서 파생된 개념으로 인간의 유전자와 같이 자기 복제적 특징을 지니고, 번식하여 세대를 이어

전해지는 종교나 사상, 이념 같은 정신적 사유를 의미한다고 정의하였다. 더 나아가 인간이 만들어 낸 '문화예술 요소' 또한 유전자처럼 스스로 적자생존식의 복제를 거듭해 나간다고 주장했다.

밈은 비유전적 문화 요소를 모방 등의 방법으로 다음 세대로 전달하는 것이다. 패러디의 사전적 의미는 '특정 작품의 소재나 작가의 문체를 흉내 내어 표현하는 수법, 또는 그 작품'이다. 흉내 내는 표현인 패러디는 비유전적인 문화 요소인 밈과 의미가 비슷하다. 비틀즈가 시대와 세대를 뛰어넘는 레전드라는 사실을 알 수 있는 이유 중 하나는 지금도 여전히 그들의 콘텐츠가 밈으로 재생산되는 창조성을 지니고 있기 때문이다.

리버풀에 여전히 살아 있는 전설

밴드가 해체된 지 54년 만인 2023년, 비틀즈의 신곡이 발표되었다. 존 레논이 세상을 떠나기 2년 전에 써 놓은 곡 'Now and Then'을 80대의 폴 매카트니가 노래를 하고 AI 기술을 이용하여 30대 존 레논을 부활시키고, 1990년대에 녹음했던 조지 해리슨의 기타 연주, 링고 스타의 화음과 드럼 연주를 더해 만들었다. 모두의 뜨거운 관심 속에서 영국 싱글차트 1위를 차지했다는 소식과 영국에서 가장 빠른 속도로 팔린 싱글 앨범이란 기록을 남겼다. 비틀즈의 영향력은 지금까지도 지속되고 있다.

비틀즈 거리, 전설적인 밴드 비틀즈가 시작된 매튜스트리트에 위치한 '캐번 클럽'이 있다. 캐번 클럽은 비틀즈 4인 멤버가 나란히 서서 공연을 할 수 없을 정도로 좁은 지하 공간이다. 리버풀 상인 이름에서 따온 이 클럽은 1957년 오픈, 1984년 재건되어 여전히 운영 중이다. 비틀즈는 1961년 2월 9일 캐번 클럽에서 처음으로 공연을 시작, 1963년 8월 3일 고별 공연까지 300회 이상 무대에 서며 인기를 끌었다. 롤링스톤스, 더 후, 킹크스 같은 밴드들과 함께 이 작은 무대를 세계 음악의 중심지로 탈바꿈시켰다.

'비틀즈 스토리'는 비틀즈와 그들의 역사에 대한 모든 것이 담겨 있는 박물관으로 1990년 5월 개장하였다. 비틀즈 스토리는 비틀즈의 삶을 볼 수 있는 곳인데 비틀즈가 출연한 뮤직비디오와 같은 영상 자료와 비틀즈의 오리지널 무대 의상, 존 레논이 연주했던 피아노도 전시되어 있다. 또 비틀즈 앨범, 앨범 디자인 티셔츠, 가방, 머그컵, 모자, 열쇠고리, 쿠션 등 다양한 기념품도 구매할 수 있다. 세상의 중심에 있었던 비틀즈를 가깝게 다시 만날 수 있는 공간이다.

리버풀에 가면 비틀즈의 팬이 아니더라도 비틀즈의 흔적을 성지처럼 둘러본다. 이들을 대상으로 꼭 방문해야 할 비틀즈 스팟을 묶은 비틀즈 투어 상품도 인기가 높아 연간 400만 명 이상이 방문한다. 그리고 매년 8월에는 '국제 비틀즈 주간 축제International Beatleweek Festival'가 일주일간 개최된다. 이는 전 세계에서 가장 큰 규모의 비틀즈 음악 연례행사다. 매년 20여 개국에서 참여한 70여 개의 밴드가 라이브 공연을 하고, 비틀스 옷을 입고 비틀즈 사운드를 패러디하는 카피 밴드 연주자들의 공연까지 볼거리가 넘치는 음악축제이다. 이 주간에 모인 방문객은 비틀즈와 관련된 투어, 전시, 기념품 경매, 벼룩시장 등에 참여할 수 있다. 국제 비틀즈 주간 축제는 40만 명 이상을 리버풀에 불러들이는 지역 대표 문화 관광 상품이 되었다.

비틀즈는 데뷔 후 몇 년이 지나지 않아 세계인의 사랑을 받았을 뿐만 아니라 영국의 자랑이 되었다. 록 음악이 영국의 대표적인 문화 수출 상품으로 영국 문화를 세계에 널리 알리고, 영국의 경제적 효과를 높이는 데 이바지했다. 비틀즈 효과를 가리켜 영국의 제66대 총리 더글러스 흄은 "영국을 외환 위기로부터 구해낸 비밀 무기"라고 말했을 정도이다.

영국 왕실에서도 비틀즈의 공적을 인정하여 1965년 6월 11일 엘리자베스 2세가 비틀즈에게 훈장 MBE(5등급)를 서훈했다. 이후 폴 매카트니는 역사상 가장 많은 음반 판매고를 기록한 공로로 1997년 기사 작위를 받았다. 한 해 앞선 1996년에는 비틀즈의 프로듀서였던 조지 마틴이 기사 작위를 받기도 했다. 비틀즈는 팝 아티스트, 문화 예술가라는 명성을 뛰어넘어 영국에서 국보급으로 여겨지는 존재이다.

2001년에는 리버풀 공항 이름을 비틀즈의 멤버 중 한 명이자 리버풀 시민에게 가장 존경받는 인물인 존 레논의 이름을 따 '존 레논 공항'으로 바꿨다. 존 레논 공항은 유력 정치인이나 왕족이 아닌 일반인 이름을 영국 주요 시설에 적용한 최초의 사례이자 영국 공항 중 처음으로 인명을 공항명에 적용한 곳이다.

THE
BEATLES
STORY
LIVERPOOL

ABBEY
ROAD NW8
CITY OF WESTMINSTER
EMI
Abbey Road

MAGICAL MYSTERY TO

NEMS
EPSTEIN

비틀즈에 대한 다양한 경험을

할 수 있는 박물관, 비틀즈 스토리

공항에 사용하는 로고는 존 레논의 로고, 슬로건은 존 레논의 노래인 '이매진Imagine'에서 차용하였다. 공항 내부는 존 레논의 흉상과 '노란 잠수함Yellow Submarine' 등 비틀즈를 상징하는 요소로 가득하다. 공항에만 도착해도 리버풀 사람들의 뜨거운 비틀즈 사랑을 알 수 있다. 리버풀처럼 공항 이름에 인물 이름을 붙인 곳이 몇 있다. 바르샤바 쇼팽 국제공항, 부다페스트 프란츠 리스트 국제공항, 리우데자네이루 갈레앙 안토니우 카를루스 조빙 국제공항이다. 음악인의 이름을 붙여 대중성을 알리고 있고 도시를 하나의 브랜드로 정착시킬 수 있었다.

한때 풍요를 누렸던 도시로 사라질 뻔했던 리버풀, 리버풀을 구한 것은 바로 비틀즈라는 팝그룹이었다. 세계가 인정하고 동경하는 레전드 팝그룹 비틀즈는 이제 리버풀을 대표하고, 도시 경제를 움직이는 하나의 거대한 브랜드이다. 비틀즈의 음악과 활동, 스토리를 품고 있는 리버풀은 도시의 과거와 현재의 문화예술 자원들이 융합하여 도시 혁신 프로젝트를 이어가고 있다. 레전드 비틀즈를 통하여 도시 리버풀의 현재도 레전드로 빛나도록 만들고 있다.

작은 음악축제에서 시작된 혁신, 오스틴

프로그램 중심 활동

느긋하고 평온해 보이는 자연 속 도시 오스틴은
잔잔하지만 생생한 혁신이 진행되고 있는 창조도시이다.

테슬라, 애플, 인텔, 아마존, 델, 구글, IBM, 오라클, 삼성전자 등 글로벌 기업들이 모여 있는 곳이 있다. 실리콘 밸리가 아니다. 미국에서 가장 빠르게 성장하는 도시로 평가받는 미국 중남부 텍사스주에 있는 도시 오스틴이다. 그래서 어떤 이들은 오스틴을 '실리콘 힐스'라 부른다. 오스틴은 숲과 호수가 아름다운 도시이다. 아름다운 자연환경에 둘러싸여 있어서인지 기업도 사람도 이곳으로 모여들었고, 자연과 첨단 산업이 어우러진 도시로 평가받고 있다. 더불어 창의적인 문화예술 분야도 발달해 있다.

오스틴의 성장을 알아보려면 1830년대로 거슬러 올라가야 한다. 개척자들이 콜로라도강을 따라 정착하면서 성장, 텍사스주 청사가 있는 텍사스의 중심 도시가 되었다. 오스틴에 온 개척자들은 유럽에서 미국으로 이주해서 정착지를 찾던 사람들이다. 처음에는 농작물 경작을 할 수 없는 오스틴의 농토에 많은 시행착오를 겪었다. 오스틴 지대는 토양 밑에 암석층이 있어 그런 환경에서 자랄 수 있는 식물만 살아남았기 때문이다. 척박한 땅에서 원하는 농작물을 심어도 뿌리가 뻗고 자라지 않았다.

오스틴에는 도시를 가로지르며 콜로라도강이 흐른다. 소나기라도 한번 쏟아지면 강이 범람하고 농작물이 모두 휩쓸려 갈 정도로 홍수가 빈번했다. 정착한 농부들의 삶은 혹독했다. 이렇듯 열악한 자연환경을 극복할 방안으로 1893년 도심에 오스틴 댐을 건설했다. 한참 세월이 흐른 1940년대, 오스틴 시장이었던 탐 밀러가 대통령과 연방 정부의 지원으로 오스틴 댐을 보수하였다. 또 맨스필드 댐을 건설하고 트래비스 호수도 만들었다. 그렇다. 지금 오스틴에서 볼 수 있는 아름다운 자연환경은 창조적 혁신의 결과다.

자유롭고도 가치지향적인 도시
오스틴

오스틴은 우리나라의 신도시처럼 새롭게 조성된 도시였다. 오스틴 사람들은 자연의 한계를 극복하고 아름다운 도시를 만들었다. 생기 넘치는 분위기의 도시에 대학생, 이민자, 예술가, 기술자, 전문직 등 다양하고 창의적인 사람들이 모여들었다. 그들이 어우러져 자유롭고 개방적인 문화를 형성하고 행정과 기업이 그런 다양성을 적극 지원하자 오스틴으로 향하는 이들은 점점 늘어갔다.

오스틴 기업 문화는 1980년대부터 형성되었다. 창의적인 기업문화가 정착될 수 있도록 많은 역할을 한 이가 있으니, 그는 텍사스 대학의 경영학장으로 20여 년 동안 재임한 조지 코즈메츠키이다. 그는 오스틴 첨단산업의 기본을 설계했다. 또 텔레다인 테크놀로지 등의 기업을 직접 설립했고, 수많은 벤처 기업의 창업을 지원하였다. 노트북 회사로 널리 알려진 델 컴퓨터도 그의 직접 투자와 지원으로 발전하기 시작하였다. 델 컴퓨터는 1984년 텍사스주립대학교를 자퇴한 마이클 델이 설립하였는데, 델 컴퓨터의 인기가 올라가면서 오스틴에 기술 붐이 일었다. 또한 첨단산업을 체계적으로 지원하는 전문 연구기관 IC2, MCC, 세마테크Sematch등 정부·민간 연구 컨소시엄을 통해 미국 산업의 경쟁력을 키우는 데 주된 역할을 하였다.

오스틴은 미국의 대표적인 주립대학, 독특한 문화, 그리고 살기 좋은 주거 환경을 가진 도시에 기업문화까지 더해져 지금의 모습, 즉 미국에서 가장 혁신적인 첨단산업의 중심지가 되었다. 오스틴에는 6만 5000개의 스타트업과 테크 기업이 있고, 2019년 8월부터 2020년 7월 기준으로 IT기업의 일자리만 6만 8000개에 이른다.

척박한 환경을 극복한 도시 오스틴

2020년에는 오스틴 기업에 투입된 벤처캐피털 투자 금액이 49억 5000만 달러(약 6조 2600억 원)를 기록했다. 2013년 미국 경제 전문지 포브스는 '비즈니스하기에 가장 좋은 도시' 중 하나로 오스틴을 선정하며 '1960년대 정신이 살아 있고 혁신과 창의성을 강조하며 자유분방한 정신을 장려'하는 도시라고 했다. 오스틴의 도시 정신이 창의성을 바탕으로 기업들의 집합체가 되어 발전했음을 알 수 있다.

오스틴을 대표하는 또 다른 하나는 유기농 제품과 자연 친화적인 식품 회사들이다. 그중 하나가 오스틴에서 시작, 본사를 두고 있는 세계적인 유기농 마트 체인 홀 푸드 마켓Whole Foods Market이다. 홀 푸드 마켓은 대학을 중퇴한 존 메케이가 공동 설립한 것으로 1980년 9월 20일 대표적인 히피 지역인 사우스 오스틴에 1호점 문을 열었다. 그리고 생태주의 운동과 로하스운동(LOHAS, Lifestyle of Health And Sustainability)의 효시인 히피들이 찾는 곳으로 친환경 농산물 판매로 입소문이 나면서 유명해졌다. 현재 홀 푸드마켓은 미국에서 '수준 높은' 도시라면 있어야 할 '상류 라이프 스타일'의 상징과도 같은 상점이 되었다. 2017년 아마존에 인수되어 2019년 기준 북미와 영국에 500여 개의 매장이 있을 정도로 확장 중이다.

오스틴에는 그때부터 지금까지 지속 가능성, 건강, 환경을 고려하는 소비자가 많다. 그들의 지향점은 유기농 음식을 선택하는 데 그치지 않고 생활 전반에 걸쳐 지속 가능한 소비를 하려고 노력한다. 이러한 문화를 바탕으로 오스틴은 높은 교육 수준과 시민의식을 가진 소비자들에게 어필할 수 있는 시장이다. 예를 들면 같은 군의 제품을 판매하는 리테일 브랜드 중 하나를 선택할 때 오스틴 사람들은 기업의 사회적 책임을 다하는 윤리적 기업을 선호하는 경향이 있다. 갭, 파타고니아, 룰루레몬 같은 의류 브랜드 매장을 가더라도 다른 지역과 비교했을 때 오가닉 면이나 리사이클링 섬유로 만든 제품, 공정거래 마크를 달고 있는 의류 제품을 전면에 주력 상품으로 전시한 모습을 쉽게 볼 수 있다.

오스틴에서는 2013년부터 일회용 비닐백 사용금지령이 시행되었고, 이로 인해 HEB, 월마트 등 대형 마켓을 비롯한 크고 작은 상점에서 비닐 봉투를 사용하지 않고 있다. 홀 푸드 마켓 같은 경우에는 상품을 구입한 고객들에게 재활용 종이로 만든 종이 가방을 제공하고, 재활용 가방 혹은 에코백을 챙겨온 고객에게는 전체 쇼핑 금액에서 일정 부분 할인해 주는 금전적인 인센티브를 제공하고 있다. 이런 문화 속에서 지금 오스틴의 소비자들은 재활용백을 항상 차에 구비하고 쇼핑 시에 챙겨 다니는 일이 라이프스타일로 자리 잡았다. 이는 하나의 예이나, 이렇게 도시 전체에서 친환경적인 정책을 추진하고 그에 따르는 높은 소비자 수준은 오스틴으로 진출하고자 하는 리테일 기업들이 반드시 고려해야 하는 점이다.

서로 돕는 오스틴만의 커뮤니티 문화

오스틴하면 가장 대표적인 문화가 독창적

인 커뮤니티 문화이다. 협업과 아이디어 공유를 열망하는 기업가와 혁신가의 강력한 커뮤니티로도 오스틴은 유명하다. 스타트업에서 일하는 이들이 같은 생각을 하는 다른 사람들과 교류하고 인사이트와 피드백을 얻을 수 있는 네트워킹 이벤트, 밋업, 해커톤이 끊임없이 열린다. 또 오스틴에는 텍사스주립대학교를 비롯한 여러 명문대학이 위치해 재능 있는 졸업생과 연구원 등이 꾸준히 유입된다.

무엇보다 오스틴의 커뮤니티 문화는 혼자 가는 것이 아니라 함께하는 이들의 필요를 살피고 서로 돕는 문화로 알려져 있다. 따뜻한 정서의 미국 남부 문화와 오스틴의 진보적이고 자유로운 정치 분위기, 공공의 선을 위해 일하겠다는 생각을 지닌 사람들이 어우러져 다른 곳에서는 찾아보기 힘든 오스틴만의 독특한 커뮤니티 문화가 만들어졌다. 이러한 커뮤니티 문화는 테크 스타트업 생태계에도 반영되어 서로 돕는 커뮤니티 분위기가 사회 전반에 펼쳐져 있다.

이 커뮤니티 문화는 획기적인 아이디어를 원하는 기업과 혁신가의 융합 속에서도 빛을 발한다. 여러 스타트업은 아이디어를 교류하면서 피드백을 나눈다. 이를 두고 액셀러레이터인 테크스타의 오스틴 대표 아모스 슈와츠파브는 스타트업 미디어 테크크런치와의 인터뷰에서 “나는 우리의 가장 큰 강점은 놀랍도록 협력적인 오스틴이라는 도시에 있다고 본다. 모든 사람이 정말로 그들 주변의 사람들이 성공하기를 원하고 돕는다”라고 오스틴만의 커뮤니티 문화의 가치를 이야기했다.

음악으로 생겨난 문화, 경제의 활기

오스틴 어디를 가도 사람이 모이는 장소가 있다면 그곳에 음악도 있다. 마트에서도, 공항에서도, 도시 곳곳에 있는 250여 개 장소에서도 음악이 울려 퍼진다. 오스틴은 미국 라이브 음악의 중심지를 표방하며 공식 슬로건을 '세계 라이브 음악의 수도The Live Music Capital of the World'로 잡았다. 인디음악부터 컨트리, 재즈, 락 등을 항상 공연하는 라이브 음악 무대가 도시 전체에 200여 곳 이상이 있는데, 미국 내 팝과 락 음악 산업의 집합소이다. 실제로 미국의 많은 연주자와 밴드가 오스틴에 뿌리를 두고 있다.

더 나아가 오스틴은 라이브 음악을 대중에게 방송하는 세계적인 음악 축제인 사우스 바이 사우스웨스트(SXSW, South by Southwest)와 오스틴 시티 리밋(ACL, Austin City Limit)을 개최하여 수많은 연주자와 관람객을 이끈다. 오스틴은 단순히 첨단 기술 산업만 있는 곳이 아니다. 실리콘밸리나 다른 도시와의 차별성은 이 지점에서 생겨났다. 오스틴은 자연과 음악, 교육과 첨단 기술이 함께하는 도시로 혁신을 이뤘다.

음악의 도시 오스틴과 텍사스 정신을 대변하는 음악가는 윌리 넬슨이다. 1974년 미국 공영 방송 PBS가 매주 '오스틴 시티 리미츠'를 통해 오스틴 음악을 전국에 알렸는데, 그 프로그램의 윌리 넬슨이 단골로 출연했다. 녹화장이 있는 무디스 극장 앞에는

2012년 세워진 넬슨 동상이 있을 정도다. 가난한 농부의 아들로 태어난 넬슨은 텍사스 지역에 많은 팬을 가진 음악가이다. 텍사스 사람들이 넬슨을 좋아하는 이유는 그가 모든 면에서 텍사스 사람의 가치를 보여 주기 때문이다. 넬슨은 전형적인 포퓰리스트로 평생 정직, 가족애, 소박함 등 농부의 가치를 노래하고 실천했으며, 자선공연 '농장 후원 콘서트'를 25년째 계속해 오고 있다.

오스틴의 창조 문화와 창조 경제의 핵심 요소 음악은 영화, 멀티미디어, 텔레비전, 게임, 비주얼아트 분야에서 5만 개 이상의 예술 관련 일자리를 창출하고 있다. 이런 이유로 도시인 중에는 음악가, 작가, 아티스트, 그리고 특이한 펑키한 사람들이 많다. 2008년 글로벌 경제 위기로 많은 도시가 어려움을 겪었지만, 오스틴만은 인구와 일자리를 계속해서 늘려 갈 수 있었다. 경제잡지 이코노미스트는 오스틴 지도자들이 도시의 성장과 번영을 이루려고 하는 노력의 중심에 음악을 두었고, 그 결과 오스틴을 정의하는 특징이 되었음을 강조하였다.

사실 오스틴에도 위기는 있었다. 1990년대 말 불어닥친 닷컴 버블로 테크 분야 일자리가 크게 줄어들었다. 위기 속에 2003년에 오스틴에서는 경제 성장을 주도하는 경제개발국이 처음으로 생겨났는데, 그때까지 경제개발국은 물론 경제개발 담당 부서 자체가 없었다. 당시 오스틴 시장이었던 윌 와인은 변화를 권고하고 실천하기 위해 특별 TF팀을 진두지휘하였다. 기업을 적극적으로 유치하기 위한 인센티브 및 프로그램도 여럿 개발했지만,

특별 TF팀이 가장 중점을 둔 부분은 오스틴에 문화적 활력을 불어넣고자 한 부분이다. 경제적 위기 속에서 오스틴은 문화예술 관련 활동에 더 집중해서 투자하고, 음악가와 문화예술 관련 업종에 종사하는 시민들을 경제 발전 계획을 논의하는 자리에 참석시키며 도시의 정책 결정 방향의 중심에 문화를 두었다.

"Keep Austin Weird(오스틴을 유별나게 유지하자)"

이 슬로건처럼 오스틴은 창의성을 외친다. 도시 성장 때문에 오스틴의 정체성과 매력이 담긴 문화적 가치를 없애서는 안 된다는 점을 강조하는 오스틴의 도시 슬로건이다. 이 슬로건은 차량 스티커, 티셔츠, 기념품 등에서 쉽게 발견할 수 있으며, 오스틴의 스몰 비즈니스를 지원하기 위해서도 사용되었다. 오스틴은 독특한 도시로서의 방향성을 추구하며, 오스틴이라는 도시를 돋보이게 한다. 이 창의적인 오스틴의 슬로건은 2003년에는 오리건주의 포틀랜드, 2005년에는 켄터키주의 루이빌, 2013년에는 인디애나주의 인디애나폴리스가 차용하여 자기 지역에 맞춰 쓸 정도였다. 다른 주에서도 오스틴의 도시 브랜드를 벤치마킹하였다.

오스틴의 슬로건처럼 오스틴을 유별나게 만드는 데 있어 중심적인 역할을 한 것 중 하나는 오스틴 곳곳에서 개최하는 라이브 음악축제이다. 오스틴이 테크 허브로 발전하면서 마을의 음악 축제로 1987년 시작된 사우스 바이 사우스웨스트SXSW는 음악, 영화, 테크가 융합되는 세계적인 축제로 발전했다. 매년 3월 중순 열흘 동안 개최되며 2018년 기준 43만 명이 참여했다.

SXSW 축제 현장

소규모 지역 축제에서 세계적인 축제가 된 SXSW

특히 미디어, 문화예술 등의 여러 분야의 전문가들이 어울려 탄생시킨 것이 오스틴의 SXSW 음악축제이다. 이 축제는 재능 있는 오스틴 지역 음악가들이 세계 음악계로부터 고립되지 않고 외부 진출을 펼치며, 이를 발판삼아 음악 산업이 활성화되기를 바라는 마음으로 오스틴 시와 관계자들이 협력하여 만들었다.

SXSW 음악축제가 열린 첫해, 150명 정도가 참여하는 소규모 축제를 예상했지만 축제가 열린 4일 동안 기대를 훌쩍 뛰어넘는 700명 정도가 참여했다. 그 후 꾸준히 성장한 축제는 1994년 기간이 늘고, 음악 외에도 영화, 그리고 멀티미디어가 추가되어 진행되다 멀티미디어 부문을 더욱 확장된 인터랙티브로 변경, 창조산업축제로 자리 잡았다.

오늘날 SXSW 음악축제는 전 세계의 혁신적인 음악인, 영화인, 창업자들이 모여 아이디어를 공유하는 세계적인 축제가 되었다. 무엇보다도 세계 각지의 뛰어난 스타트업들이 모여 각자가 자기 회사의 제품과 기술력을 알리고 자유롭게 교류하는 창의의 장으로 주목받고 있다. SXSW 음악축제는 1987년에 처음 개최된 이후에 다양한 방향으로 확장되고 발전해 왔지만, 여전히 그 핵심 가치는 세계에 흩어져 있는 창의적인 사람들이 함께 만나서 서로 배우고 아이디어를 나누며 개인의 성장과 경력을 쌓는 장을 만들며 서로의 성장과 발전을 촉진하고 있다.

SXSW 음악축제가 발전하면서 참가자들도 꾸준히 증가했다. 1987년에는 문화예술가 177명과 15개의 패널 그리고 15곳의 공연장으로 시작했는데, 2018년에는 2000명이 넘는 문화예술가들과 320개의 패널, 그리고 무려 104개의 공연장이 열렸다. 발표자만 해도 5000명 정도가 참가했고, 미디어 관련 종사자는 4000명 정도로 모여들었고, 2000명 정도를 위한 세션이 열렸다. 지역 소규모 음악축제가 세계적인 축제가 되었고, 오스틴은 세계의 음악 중심이 되었다.

이렇게 SXSW 음악축제가 성공적으로 발전하여 확대될 수 있었던 것은 지역 음악축제가 전문성을 갖춘 다양한 콘텐츠 및 IT와 결합하였기 때문이다. 이와 더불어 새로운 비즈니스 성공사례를 창출하는 SXSW만의 독특한 전시회의 기획, 운영, 창의적 콘텐츠가 축제에 활기를 더했다. 2007년 트위터, 2009년 포스퀘어, 2012년 핀터레스트, 2015년 스냅챗 등 글로벌 모바일 서비스가 SXSW에서 최초로 공개되었고 더 많은 사람들이 축제에 관심을 갖게 되었다.

특히 2016년에는 미국의 전직 대통령 버락 오바마가 IT 부문 행사의 기조연설을 맡으면서 축제의 위상이 높아졌고, 참가 인원 역시 매년 축제 규모와 함께 폭발적으로 증가하였다. 처음 시작은 작은 규모의 음악축제로 기획되었지만, 오스틴의 기획력과 더불어 문화예술가들의 적극적인 참여, 시민들의 높은 관심 속에서

SXSW는 미국을 대표하는 북미 최대의 IT·엔터테인먼트 축제로 성장하였다. 오스틴의 창조력을 바탕으로 한 도시 혁신에 풍부한 IT 첨단 기술 인프라가 더해져 커뮤니티와 네트워킹의 기회를 열어 주는 독보적인 축제로 자리매김하게 만들었다.

SXSW 음악축제는 크게 콘퍼런스, 축제, 전시회, 세 가지 부분으로 구성되어 있다. 콘퍼런스는 글로벌 전문가들이 다양한 방법으로 참여해서 인맥을 만들어가며 자신들의 경력을 키워갈 수 있는 열린 장이다. 여기에는 음악, 영화, 인터랙티브, 코미디, 그리고 게임 등 다양한 분야를 대표하는 사람들이 참가하여 작품을 보이고 홍보할 수 있다. 축제에서 단순한 작품 홍보로 끝나지 않고 컨퍼런스, 라이브 공연, 박람회 그리고 네트워킹 등 다양한 방법으로 자신의 음악을 홍보하고 커뮤니티에 참여할 수 있도록 연계 프로그램들이 구성되어 있다.

SWSX 음악축제 기간 개최되는 콘퍼런스는 음악 산업 분야의 저명인사 기조연설, 음악 산업의 최신 법적 이슈, 글로벌 음악 산업 전문가 초청 강연과 인터뷰 등 여러 프로그램으로 구성되어 있다. 특히 IT 콘퍼런스는 다양한 분야에서 활발히 활동하는 사회 각계각층의 저명인사가 기술, 사회, 미래를 놓고 토론과 연설을 진행해 이목을 집중시켜 왔다. 앞서 이야기했던 오바마 미국 전 대통령부터 런던 시장인 사디크 칸, 델의 CEO인 마이클 델, 테슬라의 CEO 일론 머스크 등이 이 연설에 참여하여 축제의 격을 더 높였다.

도시 곳곳에서 펼쳐지는 SXSW 음악축제

SXSW
CONFERENCE & FESTIVALS
MARCH 10-19
CHRONICLE
ONE
Trinity

SXSW
TRADE SHOW
SXSW GO APP
TRADE SHOW
SUNDAY, MARCH 11
MONDAY, MARCH 12
TUESDAY, MARCH 13
WEDNESDAY, MARCH 14
NEXT STAGE
DISCOVERY STAGE
SXSW SHUTTLES
DOWNLOAD THE SXSW GO APP NOW!

오스틴의 다양한 프로그램과 경제 효과

오스틴을 대표하는 전시회로는 트레이드쇼가 있는데, 약 280개의 기업, 단체, 도시가 참가한다. 참가자가 상품과 서비스를 전시하는 이 쇼에도 오스틴의 커뮤니티 문화가 녹아 있다. 록히드 마틴, 리코와 같은 글로벌 기업이 참가하며, 일본, 브라질, 멕시코, 페루, 프랑스, 독일, 한국 등 여러 나라에서 국가관을 열어 자국의 창업 기업 등을 적극 홍보하고 있다.

이외에도 오피셜 파티와 라운지가 있는데, 기업, 협회, 연구소, 도시 또는 국가, 국가관 참가자들이 마련하는 개별 행사다. 이 행사에서는 개별적 네트워킹이 활발히 이루어진다. 이러한 행사들을 통해서 흥미진진하고 혁신적인 방법들을 찾아내기 위하여 모여든 다양한 사람들을 만날 수 있으며, 때로는 호텔 로비나 행사장 밖에서 만날 기회도 종종 생겨 커뮤니티를 형성하고 커뮤니케이션의 단초를 마련하는 계기가 된다.

최근 몇 년간의 오스틴 SXSW 음악축제 프로그램의 구성과 주제들을 보면, 영화, 음악, 인터랙티브의 경계가 점점 허물어지고 다양한 분야의 융합을 중심으로 대화의 장이 열리는 독특한 분위기가 형성되어 탄탄한 커뮤니티 문화를 형성하고 있다.

예를 들면, SXSW는 다양한 분야를 이어주는 혁신적인 기술 진보를 이룬 기업에게 '인터랙티브 이노베이션 어워즈Interactive Innovation Awards'를 수여하고 있다. 현재 이 상은 헬스, 의약과 바이오테크, 음악 음향 혁신, 개인 정보 보호, 스마트 시티, VR(Virtual

Reality, 가상현실)과 AR(Augmented Reality, 증강현실), MR(Mixed Reality, 혼합현실), 인공지능과 머신 러닝 부분으로 확대되었다. 이처럼 첨단 기술을 통한 융합이라는 새로운 키워드가 SXSW 음악축제의 새로운 특성과 정체성을 만들어 주며, 스타트업부터 글로벌 기업까지 함께 커뮤니티를 형성할 수 있는 자리를 만든다.

SXSW 음악축제가 열릴 때마다 행사 티켓 수입도 어마어마하지만, 그 외 경제적 파급효과는 수치로 정확하게 표현하기 힘들 정도로 크다. 2016년 3월 기준 SXSW 음악축제가 열린 열흘 동안 34만 명이 오스틴에 방문하여 3.25억 달러(약 4000억 원)의 경제 효과를 거뒀고, 이는 매년 더 증가하고 있다.

캘리포니아에 실리콘밸리가 있다면 텍사스에는 제2의 실리콘밸리 오스틴이 있다고 말하며, 텍사스주의 실리콘 허브 역할을 한다. 도시 혁신에 있어 오스틴은 사회, 경제, 문화예술, 자연환경만이 아니라 모든 면에서 성공적인 면모를 보여 준다. 오스틴은 텍사스주의 중심 역할뿐 아니라 미국을 넘어 세계의 테크놀로지와 첨단 산업의 중심지, 테크 허브Tech Hubs 역할을 해내고 있다. 오스틴은 컴퓨터 회사 델의 고향이며 애플, 삼성, 아이비엠, 인텔, 페이스북, 구글, 에이엠디, 이베이, 페이팔, 아마존 등의 주요 디지털 비즈니스 및 IT 기업들이 전략적으로 함께하는 도시다. 미국을 넘어 세계 소셜 허브의 중추적인 역할을 하며, 앞으로 그 역할은 더 확대될 것으로 보인다.

버려진 섬에서 예술의 섬으로, 나오시마

환경 중심 활동

예술가의 섬, 예술가의 성지 나오시마.
예술가의 섬세한 작품은 나오시마의 일부가 되고
나오시마의 자연도 예술품의 일부가 된다.

일본은 홋카이도, 혼슈, 시코쿠, 큐슈 등 3500개가 넘는 섬으로 이루어져 있다. 혼슈와 시코쿠섬 사이에는 별이 반짝이는 밤하늘처럼 크고 작은 섬들이 서 있는 드넓은 바다, 세토 내해가 있다. 세토 내해는 바다 전체가 일본 최초의 국립공원으로 지정된 아름다운 풍경으로 유명하다. 이곳 세토 내해 중앙에는 나오시마라는 섬이 있는데, 동서 2킬로미터, 남북

5킬로미터, 둘레 16킬로미터로 여의도 정도 크기이다. 전체가 노화한 화강암과 그 풍화토로 덮여 있는 구릉 형태의 섬으로 평지가 귀하다. 나오시마라는 지명은 '순진하고 소박한 사람들이 산다'라는 뜻으로, 이름에 어울리게 소박하면서도 아름다운 자연을 품고 있다. 나오시마섬의 남쪽은 세토나이카이 국립공원으로 지정되어 있다.

작고 소박하지만 그래서 더 아름다운 섬 나오시마는 오늘날 '현대미술의 성지'로 불리며 한 해 70만 명이 찾는 곳이다. 나오시마는 섬 전체가 미술관이며, 자연 친화적으로 창조된 예술 섬이다. 그저 평범한 작은 섬이었던 나오시마가 어떻게 일본의 현대미술계의 성지가 되어 상징적인 존재가 되었는지 알아보자.

파괴된 자연환경과 사람들의 삶

나오시마의 인구는 3000여 명으로 과거에는 해운업과 소금 생산이 주 산업이었고 농어업은 부진했다. 1916년 즈음 나오시마는 미쓰비시 합자 회사와 협의해 구리 제련소를 건설했다. 구리 제련소에서 뿜어져 나온 아황산가스는 나오시마 산에 있는 나무들을 고사시키는 등 섬의 자연환경을 파괴했다. 그러다가 구리의 국제 가격이 하락하자 제련 사업 자체가 흔들렸다. 이러한 악조건 속에서 금속 제련 이외의 신규 사업을 모색했고, 관광 리조트 마을을 추진했으나 국립공원의 개발 한계와 경기 침체로 실현하지 못하였다.

나오시마 구리 제련소에서는 끊임없이 아황산가스가 분출되었고, 공장에서 흘러나온 기름 찌꺼기는 바닷물을 오염시켰다. 섬의 나무와 풀은 말라 시들어 민둥산으로 변했다. 1980년 제련소는 경쟁력을 잃고 문을 닫았다. 자연 생태계도 파괴되고 경제 기반도 무너지고 주민들은 생존의 문제를 맞닥뜨렸다.

더욱이 1978년부터 1990년까지 무려 60만 톤의 산업폐기물이 나오시마와 인근 테시마섬에 버려지게 되면서 최악의 산업폐기물 집산지가 되었다. 사람이 살기 힘든 환경, 젊은 사람들은 도시로 떠나고 노인만 남아 절망의 섬이라는 말까지 들어야 했다. 그렇게 나오시마는 나이 든 섬, 미래가 없는 섬으로 여겨졌고 세상 사람들의 관심에서 멀어지고 있었다.

절망의 섬 나오시마에 변화의 바람을 일으킨 이가 있었다. 베네세그룹의 전신인 후쿠타케 출판사의 대표 후쿠타케 데쓰히코였다. 나오시마에 어린이들을 위한 캠핑장을 만들기로 한 계획이 계기가 되어 새 생명을 부여하듯 죽어 가던 섬을 살리기 위한 프로젝트를 가동하였다. 그런데 사업 추진 중이던 1986년 후쿠타케 데쓰히코 대표가 갑자기 사망하며 위기가 찾아온다. 다행히 아들 후쿠타케 소이치로 현 베네세그룹 회장이 회사와 프로젝트를 이어받아 부친의 정신을 살리고 더 나아가 나오시마를 희망이 살아 숨 쉬는 재생과 부활의 성지로 바꿔 보자는 의지를 불태웠다.

그가 적극적으로 한 일은 나오시마에 폐기물 재처리장을 만들고 마을 사람들과 관계를 다지는 것이다. 폐기물 재처리장을 만든 뒤 산처럼 쌓인 쓰레기 중에서 재생 가능한 산업 쓰레기를 다시 모아서 슬래그로 분쇄했다. 이 슬래그는 콘크리트 골재로 나오시마 재생에 사용했다. 그리고 마을 사람들, 촌장과 친분을 쌓고 합심해 크고 작은 문화행사를 기획하였다. 1987년 섬의 3분의 2 가량인 남쪽 땅을 10억 엔에 매입하고, 1988년에 '나오시마 문화촌 구상'을 발표했다. 그 발표가 현실이 되기까지는 여러 노력이 있었다.

나오시마의 자연과 어우러진 현대미술

나오시마가 예술섬으로 재탄생하기까지 또 한 명의 주역이 있는데, 일본을 넘어 세계에서 인정받는 건축가 안도 타다오이다. 1990년 초반부터 건축가 안도 타다오는 본격적으로 나오시마 아트 프로젝트에 착수했다. 그는 우리나라에도 십자가 형태로 벽을 뚫어서 설계한 빛의 교회, 원주 뮤지엄 산, 제주 유민미술관, 본태박물관 등 노출 콘크리트 건축물 작업을 선보이며 익숙해진 세계적인 건축가다. 안도 타다오는 건축가가 되기까지 한 편의 영화 속 주인공 같은 삶을 살았다. 한때 트럭 운전사와 권투 선수를 했었고, 독학으로 건축공부를 해서 건축의 노벨상이라고 불리는 프리츠커 건축상을 수상했다. 작품처럼 그의 삶 역시 서사가 풍성하다.

영화처럼 살아온 안도 타다오도 나오시마의 계획에 대해 처음에는 긍정적이지 않았다고 한다. 안도 타다오는 1987년 후쿠타케 회장의 계획을 듣고 처음에는 불가능한 일이라고 생각했다고 한다. 《예술의 섬 나오시마》를 보면 인터뷰 중 이런 내용이 있다.

"그때 난 속으로 그것은 전혀 불가능한 일이라고 생각했었다. 그런데 후쿠타케 회장의 열정은 대단했다. 사람을 움직이게 하고 사람뿐 아니라 바다는 더 아름다워지려고 했고, 황량한 섬들은 숲이 되려고 했다. 모두 후쿠타케 회장의 열정을 따를 수밖에 없었다."

나오시마가 절망의 섬에서 예술 섬이 되기까지 크게 세 가지 프로젝트가 있었다. '이에 프로젝트', '베네세하우스', '지중미술관'으로 안도 타다오가 아트 프로젝트의 중심이 되었다. 그리고 안도 타다오의 건축물뿐만 아니라 실내외에 놓여 있는 다양한 예술 작품들을 통해 나오시마의 모습을 보존하려고 노력하였다.

1992년 베네세하우스 뮤지엄이 드디어 완성되었다. 세계적인 건축가 안도 타다오가 설계한 건물이었기에 세간의 관심이 컸다. '자연과 예술에 둘러싸여 휴식한다'라는 콘셉트로 미술관 내부에 레스토랑이 있다. 세심하게 위치를 선정한 갤러리는 천창으로 자연광이 들어오며, 거대한 유리 미닫이문이 설치되어 있다. 데이비드 호크니, 니키 드 생팔 등 세계적인 작가들의 작품을 볼 수 있다.

이 뮤지엄은 미술관과 호텔의 기능을 아우르는 공간으로 오벌, 파크, 비치라는 숙박 전용 공간을 따로 두고 있다. 베네세하우스 뮤지엄 외부에는 히로시 스기모토의 〈노출된 시간〉시리즈가 세토 내해를 바라보는 곳에 걸려 있다. 세토 내해를 바라보며 그의 작품을 함께 보는 그 행위까지 예술 작품의 일부로 느껴질 정도로 아름다운 모습이다.

베네세하우스 뮤지엄은 지하 1층부터 지상 2층까지, 총 3층으로 꾸며져 있다. 그곳에 있는 작품을 보기 위해서라도 나오시마로 발길이 닿을 정도로 유명한 작품들이다. 작품들을 살펴보면 잭슨 폴록의 〈흑과 백의 연속〉, 사이 톰블리의 〈무제 I〉, 빛의 마술사 댄 플래빈의 〈프로젝트 1963-95〉, 샘 프랜시스의 〈블루〉, 오타케 신로의 〈조선소: 구멍 뚫린 뱃머리〉, 조너선 브롭스키의 〈수다쟁이 세 남자〉, 베네세하우스의 레스토랑에서 앤디 워홀의 〈플라워〉 등 세계적인 작품을 상설전시하고 있어 언제나 감상할 수 있다.

베네세하우스 뮤지엄은 단순히 완성된 작품을 가져다 전시하는 곳이 아니라 작가를 나오시마로 초청해 전시 공간을 둘러보고 그 공간에 맞추어 작품을 제작하도록 해 왔다. 장소 특정적 미술로 주문형 작업을 하고 이를 전시하는 곳이다. 장소가 주인공이 되어 장소의 특수성을 한껏 살리는 뮤지엄이고, 나오시마의 자연도 있는 그대로 작품이 되었다.

이러한 장소의 고유성을 강조하는 것과 더불어 이 뮤지엄의 가장 특별한 점 중 하나는 나오시마에서만 구할 수 있는 재료로 완성된 작품이다. 그것은 야니스 쿠넬리스의 작품으로 작품 제목은 〈무제〉이다. 작품 제목처럼 어딘지 모를 곳에서 버려져 나오시마로 떠내려 온 쓰레기를 활용해 만들었다. 사용했던 흔적이 있는 버려진 나무나 컵, 접시 등을 종이처럼 판판한 납으로 돌돌 말아서 자연 친화적인 작품을 만들었다. 주로 나오시마에 떠내려 온 나무를 사용하고 부족할 경우는 다른 섬에서 나무를 모아 왔다.

또 리차드 롱의 작품 〈세토 내해로 떠내려온 나무로 만든 원〉, 〈에이본강의 진흙으로 그린 원〉은 돌, 나무와 진흙으로 만들어진 작품이다. 이 작품은 나오시마 외 지역에서 떠내려 온 자연물을 재료로 사용했다. 즉, 나무와 돌은 큐슈에서부터 물에 떠내려 온 것이고, 벽의 드로잉에 사용한 흙은 작가의 고향 영국 에이본강에서 가져온 진흙이다. 나오시마에서 나온 진흙으로 시도했다가 작품에 쓸 수 없었기 때문이라 한다.

이외에도 야스다 칸의 작품인 〈천비〉는 수직으로 막힌 콘크리트 공간에 설치한 두 개의 둥글고 평평한 대리석 돌이다. 아무도 없으면 미완의 작품이다. 하지만 사람들이 이 돌에 앉아 이야기를 시작하면 작품이 완성된다. 관람객이 작품을 완성하는 중요한 요소이다. 문화예술 분야에 관람객이 능동적으로 참여할 수 있도록 길을 열어 주는 통합적 요소를 강조한다.

또한 베네세하우스 호텔 별관인 오벌 중앙에 연못을 배치하여 독립적 오브제인 건축물이 자연과 융합을 이루며 완결성을 갖도록 설계했다. 공간적인 면과 시각적인 면을 고려하며 친환경 작품을 제대로 느끼도록 구현했다. 이렇듯 세계적인 현대미술 작가들이 나오시마에서 생활하면서 현지의 자연환경을 생각하고 최대한 살리기 위한 작업을 했다. 나오시마가 현대미술의 성지가 된 데는 단순히 유명 작가의 작품이 있어서가 아니라, 나오시마의 환경을 고려하고 자연의 재생을 위한 노력도 함께했기 때문이다.

야스다 칸의 작품 <천비>에 앉거나 누우면 하늘을 볼 수 있다

리차드 롱이 지역의 돌을 재사용하여 만든 작품

주민들의 삶

나오시마의 또 다른 프로젝트 '이에家 프로젝트'는 1997년 시작되었다. 동쪽 전통 마을인 혼무라 지역의 150년에서 200년 된 전통가옥을 개조해 현대미술 작품으로 재탄생시키는, 과거와 현대가 결합된 프로젝트다. 쇠락하던 마을의 빈집과 공터를 미술 전시장으로 바꾼 이에 프로젝트는 '걷는 재미'와 '동네 구경하는 재미' 등 능동적인 문화예술 활동을 이끌었다. 관람객들은 마을 곳곳에 숨은 전시장과 함께 일본 섬마을의 분위기를 즐길 수 있다.

'집'을 예술 작품으로 재탄생시킨 이에 프로젝트는 1997년 혼무라 지구의 한 주민이 오래된 가옥을 주민센터에 기증하며 시작됐는데, 주민센터는 베네세 그룹과 협의해 기증한 집을 하나의 미술작품으로 개조하기로 했다. 설치미술가 미야지마 타츠오의 LED 설치 작품 〈시간의 바다〉는 마을 전체 주민인 125세대가 카운트의 스피드에 참여한 작품이다. 이 작품을 주민에게 기증받은 집에 설치하고, 1998년 3월 이에 프로젝트 제1호 '모퉁이 집'이라는 뜻의 '카도야'라는 이름을 붙여 공개했다. 이에 프로젝트 중에서 제일 인기 있는 카도야는 지은 지 230년 된 집이다. 집 안에 설치된 〈시간의 바다〉를 보면서 관람객은 그곳에 한참 머물게 된다.

이에 프로젝트는 주민이 사는 마을을 살리고 주민을 문화예술 활동으로 이끌었다는 점에 의미가 있다. 현재도 건축가 산부

이치 히로시가 혼무라 지구의 옛 거리에서 영감을 받은 '바람', '물'이 움직이는 소재를 릴레이 작업으로 추진하고 있다. 전통 가옥을 현대미술 작품으로 바꾸는 작업을 계속 이어가며 나오시마의 차별성을 보여주는 대표 프로젝트이다. 주민들이 사는 생활 공간 사이사이 예술 공간이 자리해 나오시마를 예술 섬으로 불리게 만든 프로젝트 중 하나이다.

이에 프로젝트 제2호는 안도 타다오의 작품이다. 인근 빈 절터에 있던 나오시마 목조 건축에 사용하는 야키스키 판을 사용하여 '미나미테라'를 만들었다. 내부에는 제임스 탈렐의 작품 <달의 뒷면>이 설치되었다. 칠흑 같은 어둠의 공간에서 처음에는 한 발자국 앞으로도 가기 힘들지만, 서서히 어둠에 익숙해져 빛을 발견해 나가는 과정을 체험하는 작품이다.

제3호는 나이토 레이 작품 <이것을>이 설치된 긴자이다. 제4호는 주민 요청으로 이뤄졌다. 씨족신을 모셔온 신사가 낡고 허물어져 가고 있어 이를 보기 좋게 하고 싶다는 의견이었고, 스키모토 히로시가 이에 프로젝트의 일환으로 '고오진자'를 만들었다.

이어진 프로젝트 제5호는 버려진 치과의원 건물에 오오타케 신로가 네온과 확성기를 장착하고, 벽에서 배가 튀어나오도록 해 <혀 위의 꿈>이라는 작품으로 재탄생시켰다. 제6호는 에도 말기부터 메이지 전반 무렵의 건물로 제염업으로 번성한 가문의 집을 일본화 작가 센쥬 히로시의 베니스 비엔날레 발표 작품을 재현한 '이시바시'다. 바닥에 검은 옻나무 칠의 판을 설치해서 거기에 반사된 폭포수가 흔들리고 있는 것처럼 보이는 15미터의 대작 〈폭포〉를 전시하였다. 뜰 가운데 둔 돌에 앉아 작품을 감상할 수 있다.

이처럼 이에 프로젝트는 주민참여형 프로젝트다. 그중에서 제7호는 마을 사람들과 바둑을 두던 공터에 새로 만든 공간으로 나무를 조각해 생화처럼 보이는 목조 동백꽃과 진짜 대나무처럼 보이는 목조 조각을 설치한 스다 요시히로의 '기원'이라는 뜻의 작품 〈고카이쇼〉이다. 이에 프로젝트는 해외 방문객들과 젊은이들을 불러들이는 매개체가 되었다. 문화예술이 마을을 새롭게 매력을 이끌어 내는 역할을 톡톡히 하고 있다.

주민들은 이에 프로젝트가 지역 환경의 일부라고 인식하게 되었고, 관광 안내와 작품 관리에 적극 참여하고 있다. 혼무라 지역은 마을 전체가 담장과 현관 문패 등 생활 경관에 디자인을 적용하여 볼거리를 제공하며, 주변 자연환경과 일상을 융합하려는 의지를 실천하고 있다. 주민들의 일상과 미술이 긍정적인 관계를 만들어 가는 현장이다.

묵직한 예술 체험

마지막 프로젝트는 지중미술관이다. 계단식 염전으로 방치돼 있던 언덕에 콘크리트와 유리, 나무 등을 이용해 만든 지중미술관이 2004년에 공개됐다. 지중미술관 건축물은 대부분 땅속에 묻혀 있어 밖에서 봤을 때는 보이지 않는다. 안도 타다오는 자연환경을 최대한 고려하여 예술과 자연과 인간이 공존하며 서로 자극하는 '가능성의 공간' 창출을 목표로 삼았다고 한다.

그런데 땅속에 미술관을 만드는 계획이 처음부터 세워졌던 것은 아니다. 궁여지책에서 더 놀라운 결과가 탄생했다. 해상 국립공원 지역인 나오시마섬에는 법적으로 현대적인 건축물을 지을 수가 없다. 오직 전통 지붕으로만 건물을 지을 수 있는 지역이었다. 이 규정 때문에 어쩔 수 없이 건물의 상당 부분을 땅속에 넣는 설계를 했고 오히려 지중미술관 같은 새로운 미술관 형태가 탄생하는 계기가 되었다. 건축 공법의 파괴적 혁신을 성공시킨 것이다. 때로는 한계와 제약이 오히려 창조적인 아이디어를 만들어내는 계기가 되고, 새로운 방향을 제시하기도 한다.

지중미술관이 특별한 점은 '빛'을 주제로 하는 작품을 위한 공간이라는 것이다. 이 미술관에는 클로드 모네, 월터 드 마리아, 제임스 터렐 세 명의 작품 총 9점만을 상시 전시하고 있다. 거장들의 뛰어난 작품들과 안도 타다오가 설계한 지중미술관의 조화는 나오시마를 찾는 사람들에게 압도적 예술 경험을 제공한다.

잠시 지중미술관으로 들어간다고 생각해 보자. 세로 2미터 가로 6미터의 모네 작품 〈수련 연못〉은 한눈에 다 담기 어려울 정도로 거대한 작품이다. 자연스러운 자연광이 작품을 더 아름다워 보이도록 하는데, 이는 작품을 고려해 안도 타다오가 설계한 것이다. 또 빛의 변화에 따라 작품이 시시각각 다르게 느껴지도록 작품 이외의 공간은 모두 하얗게 무無의 공간으로 처리하였다. 바닥에는 가로세로 2센티미터의 작은 대리석 타일 수천 개가 있다. 빛은 백색의 전시 공간과 바닥에 난반사하면서 공간을 채워 어디에서 들어오는지조차 모르게 공간을 균질화한다. 또한, 지중미술관 입구에는 수련 연못이 있는 정원이 있다. 클로드 모네가 좋아한 지베르니의 정원 식물들을 기반으로 약 200종류의 풀꽃을 심어 수목 정원을 가꿔 놓고 관람객을 맞는다.

이밖에도 제임스 터렐의 〈오픈 필드〉는 빛을 어떻게 보여줄 것인지 고민한 작품이다. 거의 평면 속으로 천천히 걸어 들어가면 빛이 충만한 공간이 존재하는 것을 느낄 수 있어, 빛의 묘한 특성을 물리적으로 체험할 수 있다. 〈오픈 스카이〉는 터렐의 〈스카이 스페이스〉 시리즈의 하나로 천장에 정사각형 구멍이 뚫려 있다. 구멍을 통해 실제 하늘을 보여주는 작품으로 시시각각 변화하며 다양한 모습을 보여주는 연출이다. 태양이 저무는 시간 낮게 들어오는 빛이 노란 벽과 푸른 하늘로, 또 하나의 작품을 완성한다. 작가의 작품과 자연광이 어우러져 비로소 작품이 완성되는 모습을 경이롭게 감상할 수 있다. 즉 나오시마의 하늘과 빛이 작품 일부이자 매개체가 되어 추상적 기하학의 공간에 시시각각 유기적으로 변화하는 예술을 연출한다. 매주 금요일과 토요일 1회 35명 예약제로 저녁에만 운영하는 프로그램이다.

또 다른 명작 월터 드 마리아의 〈Time/Timeless/No Time〉 작품은 1밀리미터의 오차도 허용이 불가한 타협하지 않는 정확한 기하학적 공간으로 연출되어 있다. 고대의 신전을 연상하게 하는 벽면에 금박을 입힌 기둥들이 연속해서 정연하게 늘어서 있고, 계단의 정중앙에 거대하고 완벽한 검정 화강석 구가 놓여 있다. 천창을 통해 쏟아지는 햇살은 한 치의 흐트러짐 없는 모습인데, 작품에서 흘러나오는 위엄과 경건한 힘이 공간 전체를 채워 관람객을 집중하게 한다.

섬을 살리는 문화예술 실험

2009년에는 목욕탕을 미술작품으로 결합시킨 오오타케 신로의 <아이러브유>가 문을 열었다. 실제로 목욕탕으로 이용하고 있는 작품이다. 마을 사람들은 현대미술의 한가운데서 발가벗고 목욕하며 전신으로 느끼는 예술을 체험한다. 탕 바닥은 에도 시대의 춘화 콜라주로 '섬 노인들의 회춘'을 위한 작업이라고 오오타케 신로는 이야기한다. 모든 시설과 기물은 폐선, 쓰다 버린 타일과 기와, 깨진 항아리와 거울 등 일본 각지에 버려진 폐자재를 모아 만들었다.

이곳 역시 다른 프로젝트에서 그랬던 것처럼 목욕탕의 많은 물건은 마을 주민들이 직접 주워 온 것이다. 일본의 목욕 문화와 해학이 깃든 이 목욕탕은 나오시마 어르신들이 가장 사랑하는 장소이자, 방문객들의 필수 방문 장소가 되었다.

참여 작가 중에는 우리 작가도 있다. 2010년 6월에 이우환 미술관을 개관했다. 이우환 미술관은 물질문명에 대처하는 선의 공간, 동양적 공간으로 의도하였다. 안도 타다오와 오랜 지인 관계였던 이우환, 두 사람은 함께 미술관을 구상하며 '바다의 완만한 골짜기를 따라 걸어가다 땅속으로 들어가는 자연 지형을 이

월터 드 마리아의 작품 <Seen/Unseen/Unknown>

오오타케 신로의 <아이러브유>

용해 조용히 명상할 수 있는 공간'으로 만들기로 의견을 모았다. 이를 반영하여 계속 걸어가면서 시간에 따른 공간적 체험을 연속적으로 하는 미술관을 설계하였다. 이우환 미술관은 기둥의 광장, 10점의 평면 작품과 1점의 입체 작품으로 이루어진 만남의 방, 영상과 돌이 만나는 침묵의 방, 명상의 방, 그리고 그림자의 방으로 계속 걷는 여정 속에 작품과 만난다. 이우환이 바라는 대로 사람들은 이 공간에서 침묵하면서 내면의 소리에 귀를 기울이는 시간을 가지며, 자신과 만나는 시간을 보낼 수 있다.

나오시마가 특별한 이유는 일반적인 관광지에 있을 법한 요소, 즉 유적이나 온천도 없고, 절경도 없다는 데 있다. 나오시마의 마을과 경치는 어딘가에서 보았을 법한 소박하고 평범한 일상에 가까운 풍경이다. 하지만 문화예술가와 주민들이 어우러져 함께 환경을 생각하고 나오시마의 과거와 내일을 생각하며 그 안에서 정말로 하고 싶은 것을 펼쳤다. 그게 오늘날의 나오시마 모습이 되었다.

나오시마 여기저기에는 야외까지 미술 작품이 설치되어 섬 전체가 현대 미술품이 전시된 미술관이며, 자연 그 자체가 갤러리가 된 셈이다. 해안가에 설치된 미술 작품들로 인해 나오시마의 해안 자체가 광대한 옥외 전시 공간이 되었다. 쿠사마 야요이의 〈호박〉은 나오시마에 오는 관람객들을 맞이해 준다. 또 차이궈창의 〈문화대혼욕〉, 오오타케 신로의 〈조선소: 구멍 뚫린 뱃머리〉, 니키 드 생팔 등 세계 최고의 마스터피스를 만날 수 있다.

명상하는 시간을 만나는 이우환미술관

쿠사마 야오이의 <호박>

이렇게 나오시마는 예술의 경계를 자연으로 옮겼다. 나오시마 자연환경을 캔버스로 사용하기도 하고, 또 설치 미술의 재료로 사용하기도 하는 등 다양한 방법을 펼쳐 보였다. 2006년에는 나오시마에서 수십 년간 중단했던 벼농사를 다시 시작하는 쌀 만들기 프로젝트를 시작했다. 나오시마 쌀 만들기 프로젝트는 나오시마 적포 지구에 있는 거칠어진 토지를 다시 경작하여, 쌀 재배를 부활시키는 작업이다. 이를 통해 쌀 수확뿐만 아니라 지식이나 감각을 배우고, 실제 작업을 통해서 생활 방식을 생각하게 만들려는 의도를 품고 있다.

나오시마 프로젝트의 후원자인 후쿠타케 소이치로 회장은 현대미술의 장점에 대해 "보는 사람에게 모든 것을 맡기고 예술을 대중에게 되돌려준다"라고 말했다. 즉 나오시마에서 작품은 예술가가 자기만의 이야기나 주장을 하기 위한 매개가 되어서는 안 된다는 의미다.

작품이 탄생하기까지의 자연이나 역사가 그 속에 살아 숨쉬고, 그 작품을 즐기는 사람들과도 상호작용을 하면서 어우러져야 한다. 그런 작가와 공간, 그리고 대중의 상호작용 속에서 비로소 진정한 작품이 완성된다. 나오시마는 섬을 갤러리로 주민을 참여자로 동참시켰다. 한발 나아가 관람객과 이용객 모두가 단순한 감상을 넘어 문화예술 활동에 적극적이고 능동적으로 참여하게 만들었다. 나오시마의 사례는 공존과 연대의 삶, 통합의 삶을 창조적인 문화예술을 통해 융합하는 방법을 생생하게 보여주고 있다.

5

도시 혁신 사례, 다이아몬드 프레임워크 분석

리틀 아일랜드는 인간이 만든 섬이지만
섬에 머무는 순간은 온전한 자연과 휴식을 만날 수 있다.

리틀 아일랜드가 세워진 첼시 54번 부두는 110년 전에는 생동감 넘치는 곳이다. 뉴욕에 거주하는 이들에게는 배와 함께 새로운 물건과 사람이 들어오는 장소였고, 유럽에서 건너온 이민자에게는 자유와 희망, 기회와 꿈의 장소였다. 그러나 시대의 변화와 재해를 겪으며 쇠락했던 첼시 부두는 도시 혁신과 함께 이제 다시 활기 넘치는 장소가 되었다.

재탄생한 첼시 부둣가 리틀 아일랜드는 새로운 휴식처로 인간담게 사는 의미를 부여하는 곳이자 행복과 만족감을 높일 수 있는 정서적 공간이다. 도시 거주자들은 리틀 아일랜드의 자연 안에서 휴식과 문화예술 활동을 즐길 수 있다. 방문자들은 이곳에서 다양한 문화예술 활동을 보고, 경험함으로써 뉴욕 사람들의 생활환경을 간접적으로 느낄 수 있다. 뉴욕의 잊혀진 지역에 새로이 기획되고 문을 열기까지 10년이라는 시간이 소요되었지만, 무에서 유를 창조해 낸 인공 섬으로 인정받는다.

도시 혁신 측면에서 리틀 아일랜드는 뉴욕시의 예산으로 만든 것이 아니라는 점은 시사하는 바가 크다. 행정기관을 넘어 기업과 함께 공존하며 만들어 낸 도시 혁신의 성과물이기 때문이다. 리틀 아일랜드는 온라인 여행사 익스피디아 회장 베리 딜러와 그의 아내 다이앤 본 퍼스텐버그가 3000억 원가량을 기부하여 만든 인공 섬이다. 허드슨 강변 개발 프로젝트를 총괄하는 조직 허드슨 리버파크 트러스트와 기부가 베리 딜러가 맨해튼 남서쪽에 신설될 새로운 부두를 위한 파빌리온 설계를 요청하며 프로젝트는 시작되었다.

사랑할 수밖에 없는 공원,
리틀 아일랜드

리틀 아일랜드 정문 앞에는 아치형 철문이 서 있다. 이 철문은 1910년에 세워진 54번 부두를 떠올릴 수 있는 역사적 유물이다. 그리고 허드슨 강바닥에 굳건히 박혀 있는 썩은 나무 말뚝들이 기둥처럼 남아 있다. 이 기둥들은 강에 사는 자연 생태계의 서식지를 침해하지 않고 보존하는 뜻을 담고 있다.

나무 말뚝들과 통일감을 주는 디자인으로 설계된 튤립 모양의 콘크리트 기둥은 이 시대의 레오나르도 다빈치라 불리는 헤더윅의 천재성으로 탄생했다. 그는 최첨단 인공 섬에서 숨겨진 역사를 눈으로 볼 수 있게 하면서 보이지 않는 자연 생태계에 대한 배려까지 설계에 담았다. 자연 안에 살아 숨 쉬는 역사와 문화예술 모두를 놓치지 않았다. 리틀 아일랜드는 천재 건축가 헤더윅의 깊은 통찰력의 아이디어에 최첨단 기술이 어우러진 혁신의 결과이다. 인공 섬이라고 믿기지 않을 정도로 자연스럽게 그 자리에 존재해, 절로 매력에 빠져들게 한다.

리틀 아일랜드는 생긴 지 오래되지 않았지만 빠르게 뉴욕의 도시민들과 이용자들에게 사랑받는 장소가 되었다. 이렇게 되기 위해서 여러 노력이 있었는데, 그중에서도 수많은 예술가가 참여하는 문화예술 활동 프로그램이 한 역할을 했다. 리틀 아일랜드는 문화예술 활동을 원하는 도시민들이 직간접적으로 참여할 수 있는 공간이다. 이 사례에서 우리는 공간 확보와 문화예술 프로그램 기획을 통해서 도시 혁신을 성공적으로 이끌 수 있다는 사실을 확인할 수 있다.

이제 리틀 아일랜드는 뉴욕의 심장으로 비유되는 센트럴 파크와 어깨를 나란히 하는 장소로 여겨진다. 센트럴 파크와는 다른 정체성의 공원으로 자연과 문화예술 활동을 동시에 만날 수 있는 뉴욕의 새로운 자랑거리로 꼽히게 되었다. 무엇보다 민간의 재원으로 프로젝트 기획부터 건축, 운영까지 이뤄지면서도 공공의 영역에서 뉴욕 거주자와 방문자 모두가 누릴 수 있는 매력적인 공공장소이자 랜드마크로 이름을 알리는 장소라는 점이 눈여겨볼 부분이다.

리틀 아일랜드에서는 주 6일 동안 다양한 공연 프로그램과 문화예술 교육 프로그램이 진행되며 이와 함께 먹거리, 즐길거리, 산책로, 휴식 공간까지 갖춰져 있다. 운영은 비영리단체가 맡고 레지던시 입주 예술가와 프로듀서, 브로드웨이 공연예술인까지 협력할 수 있는 시스템이다. 또한 건축 예산과 함께 개장 이후 20년간 필요한 문화예술 프로그램 운영비까지 확보되어 있다. 이런 환경에서 펼쳐지는 문화예술 활동은 도시민의 생활에 활력을 불어넣고, 세계 다양한 매체에 소개되어 도시에 활기를 더한다.

리틀 아일랜드
도시 혁신 다이아몬드 프레임워크

리틀 아일랜드는 지금 뉴욕의 중심, 더 나아가 세상의 중심에 있다. 한때 낡고 쇠퇴한 부둣가였지만 이제 명실상부 '뉴요커, 뉴욕시민의 새로운 휴식처'가 되었다. 자연의 아름다움을 담은 공원과 놀이동산 같은 즐거운 요소, 곳곳에서 이어지는 공연과 문화예술 프로그램은 참가하는 이들에게 정서적 안정감과 행복을 주기도 하지만 여기에 그치는 것이 아니다. 첼시 54번 부두가 품고 있는 110년의 역사적 서사까지 담아 스토리텔링하여 사람들에게 회자되도록 만들었다. 도시 혁신의 사례로 가치가 높을 수밖에 없다.

리틀 아일랜드의 도시 혁신 프레임워크를 한눈에 볼 수 있도록 정리하면 이 역시 다이아몬드 프레임워크로 표현할 수 있다. 망해 가던 뉴욕의 한 부둣가를 어떻게 살려낼 수 있었는지, 그 과정에 필요한 요소들을 프레임워크를 살펴보면 알게 된다. 리틀 아일랜드의 도시 혁신은 앞에서 언급했던 필수 요소가 균형을 이루고, 여러 주체가 모이고 협력하여 가능했다.

리틀 아일랜드를 방문한 방문객의 이야기가 개인 SNS를 통해 재생산되어 뉴욕의 또 다른 혁신 사례인 최첨단 창조의 인공섬으로 직접 방문을 유도하는 결과를 만들고 있다. 이는 리틀 아일랜드가 성공적인 도시 혁신 사례라는 사실을 입증하는 점이기도 하다. 파격적인 기부로 시작된 여러 긍정적인 성과가 또 다른 자산가의 마음을 움직여 문화예술 활동을 위한 기부가 계속 이어지기를 기대하게 된다.

설계 또한 기부 못지 않게 파격적으로 진행되었다. 리틀 아일랜드의 건축가 헤더윅은 장식적 조형물을 설계하는 대신 부두의 본질에 대해 재고할 수 있는 공간을 구상했다. 구조물의 형태보다 경험에 주목했는데, 사람들이 깊게 몰입하는 경험을 창출하는 새로운 유형의 공공 공간을 만들고자 했다. 물 위에 머무르는 색다른 기분, 도시를 떠나 녹색 자연 속에 파묻히는 기분에 대해 고민했다. 인구 밀도가 가장 높은 도시 한복판에 있다는 사실을 잊게 하는 뉴욕 센트럴 파크에서 영감을 얻었으나, 거기에서 한 발 더 나아갔다. 현대적이고 감각적인, 그리고 창조적인 지금의

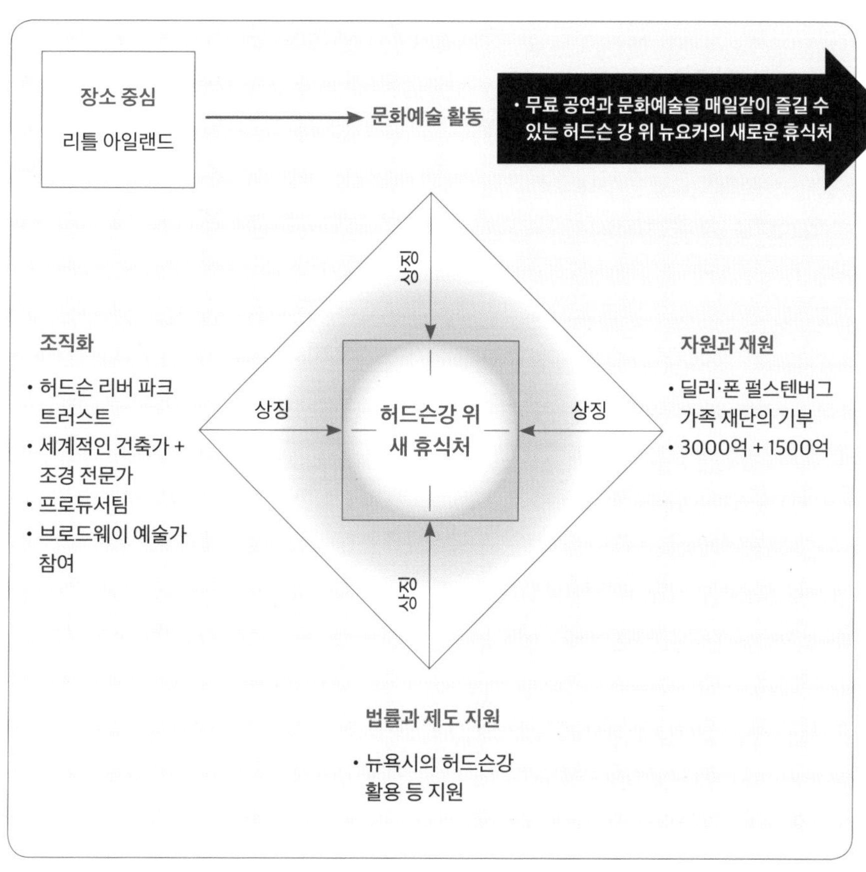

∴ 리틀 아일랜드 도시 혁신 다이아몬드 프레임워크 분석

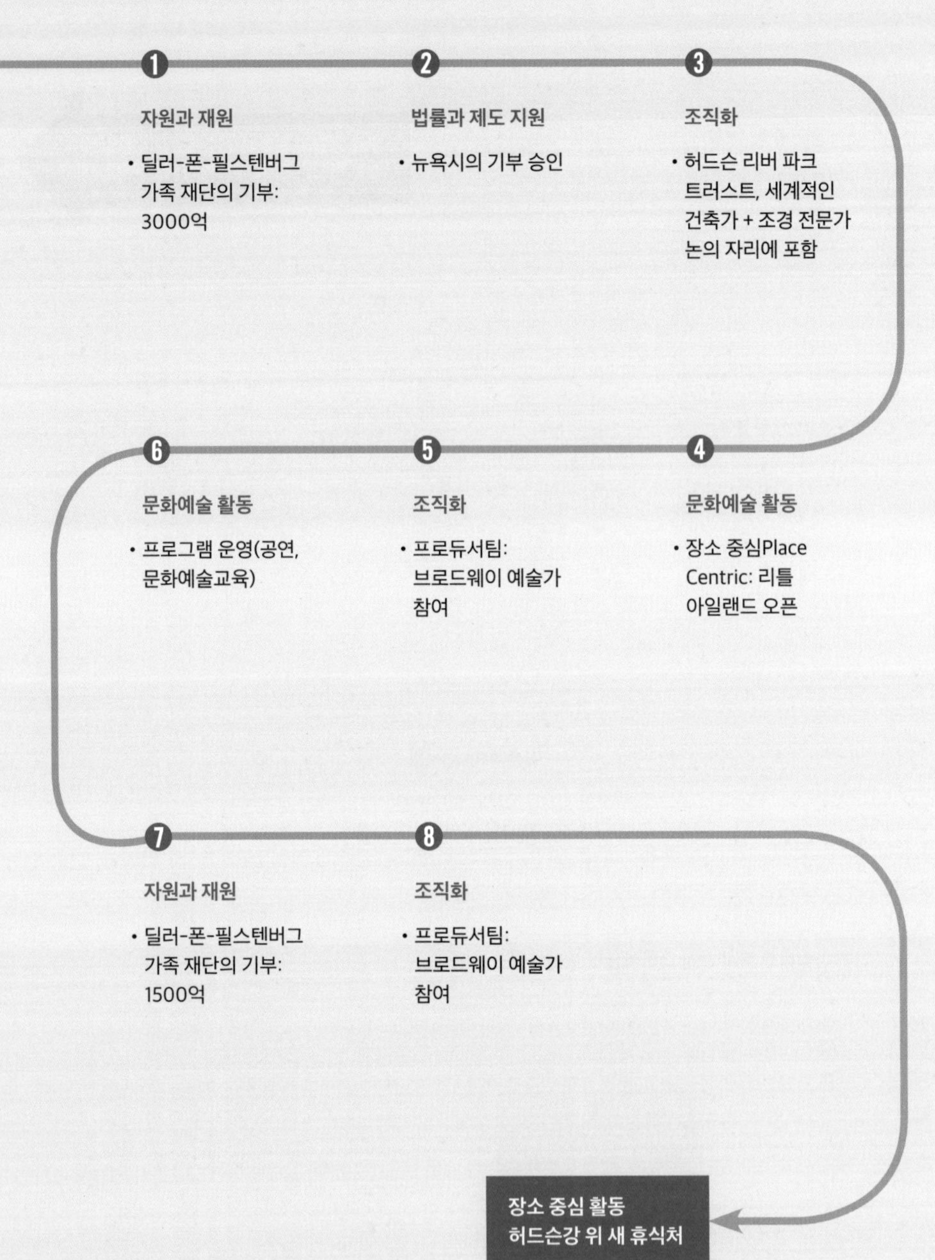
1
2
3
자원과 재원
• 딜러-폰-필스텐버그 가족 재단의 기부: 3000억
법률과 제도 지원
• 뉴욕시의 기부 승인
조직화
• 허드슨 리버 파크 트러스트, 세계적인 건축가 + 조경 전문가 논의 자리에 포함
6
5
4
문화예술 활동
• 프로그램 운영(공연, 문화예술교육)
조직화
• 프로듀서팀: 브로드웨이 예술가 참여
문화예술 활동
• 장소 중심Place Centric: 리틀 아일랜드 오픈
7
8
자원과 재원
• 딜러-폰-필스텐버그 가족 재단의 기부: 1500억
조직화
• 프로듀서팀: 브로드웨이 예술가 참여
장소 중심 활동
허드슨강 위 새 휴식처

∴ **리틀 아일랜드: 장소 중심 활동 프로세스**

리틀 아일랜드가 탄생하게 되었다.

리틀 아일랜드는 멀리서 보면 현대적인 건축물로 보인다. 그러나 그 안을 걷고 머물러 보면 전혀 다른 느낌을 받는다. 친환경 조경, 프레어리 스타일의 들꽃과 관목, 그리고 오랜 세월을 이겨내 묵은 듯 끝을 공글린 편안한 나무 의자들이 포근한 느낌을 전한다. 재미있는 모양의 실로폰과 발로 움직여서 소리를 내게 하는 악기, 그리고 눈이 빙글빙글 돌게 만드는 페퍼민트 막대기의 엉뚱한 등장은 산책하는 이들에게 오감을 즐겁게 하는 세심한 배치의 묘미다.

창의력이 빛나는 설계로 만들어진 리틀 아일랜드에서는 공연과 각종 이벤트가 끊이지 않는다. 문화예술 공원이라고 불러도 손색없을 정도인데, 기부자인 베리 딜러가 처음부터 원했던 공간이 일상을 벗어난 놀이동산이자 공연장 같은 공원이었다고 한다. 그런 바람이 기획에 반영되었고 야외극장과 소공연장, 주공연장 등으로 다양한 공간을 만들었다. 앞에서 언급했지만 기부금에는 향후 20년간 공연 프로그램 운영과 공원 관리 비용 1500억 원까지 포함되어 있어 예산이나 수익성 걱정도 없이 문화예술 활동에 더 집중할 수 있다.

리틀 아일랜드의 문화예술을 통한 도시 혁신에서 핵심은 베리 딜러의 기부, 즉 자원과 재원Resource에 해당한다. 이 재원Resource을 이용하여 장소로 이미지를 만든 문화예술 활동인 장소 중심 활동Place Centric Activity, 즉 장소를 중심으로 일으킨 도시 혁신이 원동력이 되었다.

리틀 아일랜드는 도시와 사람, 사람과 사람, 사람과 자연이 문화예술로 교류하는 문화 공간으로써의 장소가 지닌 의미와 역할이 계속해서 강조되고, 지속 가능성도 증명하고 있다. 특히 헤더윅이 설계한 것 중 과거의 부두를 지지했던 기둥들을 보존하고 그 모양을 차용해 만든 튤립 모양의 화분 기둥이 해양 생물의 서식지 역할까지 한 부분을 보면, 자연도 사람도 쉼과 회복을 같이 누릴 수 있는 보물섬처럼 느껴진다.

리틀 아일랜드는 허드슨강 수변에 마련된 세 개의 공연장을 갖춘 공공 공원이다. 사람과 야생 동식물 모두를 위한 안식처인 이 공원은 조형적 화분으로 물 위에 떠 있다. 공원에서 빠져나와 조금 걸으면 맨해튼의 로어 웨스트 사이드Lower West Side에 닿을 수 있다.

뉴욕의 보물섬 리틀 아일랜드에서도 알 수 있지만, 우리가 살아가는 지금은 누구 하나가 일방적으로 이끌어서는 일이 제대로 성사될 수 없는 시대이다. 기업이나 개인, 즉 민간이 통합하여 공공을 위한 프로젝트를 이끌어야 하는 시대가 되었다. 문화예술 활동으로 도시 혁신을 진행하는 과정에는 많은 어려움이 있다. 각 도시의 현안과 함께 문화예술을 위한 예산을 확보하기가 쉽지 않기 때문이다. 또한, 어려운 과정을 거쳐 예산을 확보했다 하더라도 도시의 의회에서 통과하는 일도 기간이 오래 걸리거나 쉽지 않은 것도 무시할 수 없는 현실이다.

그러므로 도시 혁신에 창조성을 더하는 문화예술 분야의 프

문화예술 활동 핵심 유형	• 장소 중심 활동
자원과 재원	• 딜러·폰 펄스텐버그 가족 재단의 기부
조직화	• 세계적인 건축가 + 조경 전문가 • 브로드웨이 등 다양한 예술가 참여
법률과 제도 지원	• 뉴욕시의 기부 수용과 허드슨강 이용 지원

⇩

- 1910년 유럽 이민자에게는 뉴욕의 첫 관문이자 희망의 상징이었으나 그 영광은 희미해지고 폐허 같은 지역으로 변모
- 최첨단 인공 섬의 탄생과 함께 허드슨강 위 새로운 휴식처로 재탄생

∴ **리틀 아일랜드 서사 구조 분석**

로젝트는 도시, 기업, 문화예술 분야, 주민 등 모두가 참여하며 한 방향으로 힘을 모아야 한다. 통합적 노력이 바탕이 되어야 이용자의 만족도가 높고, 또 성공적으로 이끌 수 있다는 것을 리틀 아일랜드의 사례로 확인할 수 있다.

비틀즈로 시작된 리버풀의 재탄생

비틀즈는 자신들의 꿈을 리버풀에서 시작하고 세계로 뻗어나갔다.
리버풀은 비틀즈를 낳은 곳으로, 그들의 이야기로,
도시의 혁신을 이끌고 세계의 사람들을 리버풀 안으로 끌어들였다.

리버풀은 19세기 영국 무역이 세계로 뻗어 나가는 관문이었다. 해가 지지 않는 대영제국은 영원할 것만 같았고, 리버풀은 수도 런던보다 부유했다. 대영제국은 리버풀 덕분에 가능했다는 찬사를 들을 정도로 찬란한 역사를 가진 도시였다. 하지만 제2차 세계대전과 산업 패러다임의 변화로 1960년대부터 급속하게 쇠퇴하는 도시, 점점 죽어 가는 도시가 되었다.

결국은 항구에서 일하고 생계를 이어가던 시민들은 다른 도시로 떠날 수밖에 없었다. 활발하게 돌아갔던 항구는 가동을 멈추었고 산업 시설들은 방치된 채로 폐허 그 자체가 되었다. 시민들은 살길을 찾아 떠나는 상황이었다. 리버풀 인구는 최고 88만 명이던 시절의 반 토막인 44만 명까지 줄어들었다. 이렇듯 리버풀은 대영제국의 몰락과 도시의 쇠퇴를 한눈에 보여 주는 대표적인 도시였다.

1959년부터 1960년대 초, 개방적이었던 영국에는 로큰롤 열풍과 함께 로큰롤 밴드들이 등장했다. 그때 리버풀에서 비틀즈가 결성되었다. 시간이 흐르고 쇠락의 길을 걷던 리버풀이 되살아난 것은 세계적인 팝그룹 비틀즈가 있었기 때문에 가능했다.

항구 노동자의 자녀였던 존 레논이 불량 서클에서 음악 활동을 하게 되었는데, 존 레논은 열다섯 살 때 엘비스 프레슬리의 'Heartbreak Hotel'을 듣고 록에 관심을 가지게 되었다. 그 후 폴 매카트니, 조지 해리슨을 만나 '비틀즈'라는 이름으로 함부르크와 리버풀의 클럽에서 활동을 시작했다. 링고 스타는 1962년 마지막 멤버로 합류했다.

세계로 뻗어나간 그룹 비틀즈

비틀즈는 초반에는 함부르크의 클럽을 전전하며 실력을 쌓았고, 매니저 브라이언 엡스타인과 프로듀서 조지 마틴을 만나면서 첫 싱글 앨범 〈Love Me Do〉를 발매했다. 첫 싱글이 성공한 뒤 1963년 1집을 냈는데 영국에서 1집과 2집이 엄청난 성공을 거두게 되었다. 세계 곳곳에 팬덤이 형성되었고, 열광적인 인기를 얻었다.

1964년 비틀즈가 미국 케네디 공항에 착륙하자마자 수천 명의 소녀 팬들이 울부짖으며 열광했고, 비틀즈는 그 열광에 겁을 낼 정도였다고 한다. 비틀즈는 미국 시장 진출과 동시에 미국 음반 시장을 점령했다. 비틀즈 열풍과 함께 영국 로큰롤이 부활하며 브리티쉬팝이 음악 시장을 이끌어 나갈 정도였다. 이후 비틀즈는 1970년까지 정규 앨범 13장을 발매하였다. 그러나 1968년 경부터 멤버들 사이에 갈등이 불거졌고 1970년 4월 폴 매카트니가 밴드를 탈퇴하면서 8년 만에 비틀즈는 공식적으로 해체됐다.

비틀즈가 4인조 밴드로 활동한 기간은 생각보다 길지 않다. 우리에게 영원히 각인되고 있는 그들의 활동 기간은 7년 6개월 정도로 짧은 편이다. 그럼에도 비틀즈는 록 음악에서뿐만 아니라 대부분의 장르, 사회 문화적인 부분에서도 엄청난 영향을 미쳤다. 세계 음악계와 문화예술에 크나큰 영향력을 미친 비틀즈가 자란 고향이 바로 영국 리버풀이다. 비틀즈 해체 이후 리버풀은 '비틀즈를 키운 곳'을 내세워 그들의 명성을 차지하고 이를 문화예술 도시로 되살리는 핵심 요소로 활용했다. 비틀즈는 팝을 넘어 여러모로 문화예술계의 레전드이다.

비틀즈의 이야기로 사람들을 불러들이는 리버풀

1980년 머지사이드개발공사가 출범하며 비틀즈의 세계적인 명성을 이용해 보자는 아이디어가 나왔다. 리버풀의 물리적 재생을 시작하면서 방치되고 쓸모없던 공간과 인프라를 철거하지 않고 부활시키면 비틀즈 팬들이 한 번쯤은 와 보지 않겠냐는 막연한 기대에서 시작된 일이다. 이런 방향 아래 비틀즈 박물관 비틀즈 스토리를 건립하고 비틀즈를 중심으로 도시 스토리텔링을 해 나갔고, 유럽문화수도 선정을 위해 2008년 '리버풀 컬처 컴퍼니' 설립까지 이어갔다.

처음에는 큰 기대나 목표를 세우지는 않았지만, 비틀즈는 역시 레전드 그룹이었다. 세계 많은 사람들이 비틀즈를 그리워했기에, 비틀즈에 관한 문화예술 활동이 일어나는 데 많은 관심과 박수가 쏟아졌다.

시민, 단체, 정부의 협력적 거버넌스가 활발하게 활동하면서 7000회 이상의 문화 행사를 개최했다. 역사와 문화 융합 정책으로 리버풀은 문화예술 도시로의 전환에 속도를 내게 되었다. EU 중앙정부의 지원과 시민들이 함께 도시 이미지를 만들고 문화적 요소를 발굴하고 이를 산업, 교육, 관광에 접목하여 융합하는 데 성공했다. 성공의 중심에는 비틀즈가 있었다.

리버풀은 비틀즈를 키워낸 도시라는 정체성을 이용해 문화예술을 통한 도시 혁신을 성공했다. 비틀즈가 처음 결성하여 공연하던 지하에 있는 작은 캐번 클럽, 비틀즈 스토리, 비틀즈 위크

축제, 대학원의 비틀즈 학과, 존 레논 공항, 비틀즈 조각 동상까지, 해체된 지 50여 년이 지났지만 비틀즈는 지금까지 이슈를 만들고 세계 사람들을 리버풀로 불러 모은다. 비틀즈를 떠올리게 하는 리버풀의 성공 방법은 문화예술 활동 핵심 유형인 '사람 집중 활동People Centric Activity'이다.

비틀즈 마니아들은 리버풀에서 비틀즈의 흔적들을 찾아다니며 간접적으로 만나고 이야기하고 그들을 맘껏 그리워하고 싶어 한다. 존 레논의 안경, 조지 해리슨의 첫 기타, 멤버들이 입었던 인도 전통복 등 비틀즈와 관련된 것들이라면 모두 비틀즈를 기억하기 위한 소재가 되었다. 리버풀에 가면 존 레논과 폴 매카트니가 처음 만났던 성 피터스 패리시 교회와 그 옆 묘지를 방문해 그들이 그곳에서 영감을 받아 만든 노래 'Eleanor Rigby'를 흥얼거릴 수 있다. 전설의 그룹 비틀즈와 그들의 명곡이 만들어진 곳에서 십 대 청소년이었던 존과 폴의 시각으로 주변을 둘러보는 경험은 리버풀이기에 가능하다.

비틀즈가 한 번이라도 사용했다면 비틀즈를 대표할 수 있는 것이 되었고, 그렇게 비틀즈의 스토리가 리버풀의 스토리로 이어졌다. 마니아들의 뜨거운 사랑은 서서히 그 밖으로도 번진다. 비틀즈와 그들의 음악을 좋아하는 이들은 물론, 비틀즈를 막연히 기억하는 일반 사람들에게도 비틀즈의 흔적 찾기 여정이 하나의 열풍이자 현상이 되도록 만들었다. 그렇게 해서 리버풀이라는 도시는 비틀즈의 도시라고 해도 될 정도로 그 영향력은 대단해졌다.

세프턴 파크는 리버풀 사람들에게는 휴식처이고 비틀즈에게 평단과 대중의 폭발적 반응과 성공을 안겨 준 여덟 번째 정규 음반 <Sgt. Pepper's Lonely Hearts Club Band>에 영감을 준 연주대가 있는 곳이다. 원래 역사적인 건축물과 장소였더라도 비틀즈의 에피소드가 더해지면 한층 흥미로운 곳으로 거듭나고 사람들이 몰리곤 한다. 그렇게 비틀즈의 도시 리버풀의 서사가 완성되어 갔다.

리버풀은 더 이상 영국을 세계로 수출하는 관문은 아니다. 대신 지금의 리버풀은 비틀즈 덕분에 매일 환상적인 과거를 항해하는 곳이 되었다. 멋진 서사가 리버풀로 사람들을 불러들인다. 이렇듯 리버풀은 1960년대 비틀즈의 등장으로 문화예술 도시로서 이미지를 구축하게 되었다. 리버풀은 비틀즈를 키워낸 도시이자 비틀즈의 도시, 세계 음악의 도시로 포지셔닝 되었다.

도시 재생의 긍정적 효과는 일시적 현상이 아니라 지속적 발전을 이끌어, 한때 쇠퇴해 가던 리버풀에 유동 인구가 늘어나고 있다. 자연스럽게 문화예술을 넘어 복합 상업지구로 발전하는 전기가 마련돼, 1999년 부지 면적만 약 16만 5000제곱미터에 이르는 영국 최대 규모의 실외 쇼핑몰 '리버풀 원'을 조성하면서 문화예술지구와 복합 상업지구를 결합하고 확장해 나갔다

비틀즈가 해체되고 반세기도 더 지났고 이 세상에 존재하지 않는 멤버들도 있지만 비틀즈와 관련한 소식은 꾸준히 생산되고 있다. 리버풀과 영국, 비틀즈를 더 풍성하게 만드는 스토리가 계속해서 나오고 있다. 앞에서도 잠깐 소개했지만 2009년에는 리

버풀 호프 대학에는 문학석사 과정에 '비틀즈 학과'가 개설되었다. 문학석사 프로그램 교수 홀리 테슬러 박사Dr. Holly Tessler는 '비틀즈: 음악 산업과 유산'으로 불리는 이 과정에서 다룰 내용에 대해 이렇게 설명한다. 비틀즈가 어떻게 음악, 문화 그리고 심지어 리버풀과 영국에서 관광 산업에 영향을 주었는지, 또 비틀즈가 21세기에도 여전히 리버풀과 영국 관광 산업에 어떻게 영향을 미치고 있는지가 주요 내용이고, 그렇기 때문에 이 과정이 특별하다고 말했다.

2015년 12월에는 비틀즈가 1965년 12월 5일 리버풀 엠파이어 극장에서 마지막 공연을 한 지 50주년이 되는 날을 기념해 캐번 클럽이 비틀즈 동상을 기부했고, 리버풀 항구 앨버트 독에 설치되었다. 앤드류 에드워드가 만든 동상의 크기는 일반 사람들보다 조금 더 크며, 총 무게는 1.2톤이다. 이곳은 리버풀의 필수 관광 코스이자 포토존이 되었다.

도시 재생으로 활기를 찾은
리버풀 둘러보기

리버풀이 비틀즈의 스토리를 중심으로 문화예술 도시로, 음악 도시로 혁신에 성공하였지만, 그 뒤에는 단계적이고 계획적인 도시 재생 과정이 있었다. 리버풀은 시티센터를 중심으로 낙후 지역을 개발했고 문화 인프라를 단계적으로 늘려 가면서 지속적인 발전을 꾀하는데 그중 오래된 부두를 문화단지로 재탄생시킨 앨버트 독 보존 지역이 있다.

캐번 클럽이 만들어서 기부한 비틀즈 동상

구분	내용
1단계(1980~1997년)	**황폐해진 역사 문화 자산의 재이용** • 국제 정원 축제 개최(1984년), 머지사이드 해양박물관 이전(1986년), 런던 테이트 모던 미술관 분관 테이트 리버풀 갤러리 개관(1988년), 비틀즈 스토리 개관(1990년), 국제 노예 박물관 개관(1994년)
2단계(1997~2012년)	**도시 이미지 창출 및 장소 마케팅으로 재생의 범위 확대** • 2008년 유럽 문화수도 선정, 문화 관광, 국제 협력, 도시 개발 등 관련 부서 통합 '리버풀 컬처 컴퍼니' 설립(2008년) • 폴 매카트니 공연 등 7000여 회의 문화 행사 개최 • '리버풀 원' 프로젝트 론칭(2008년)
3단계(2012~2017년)	**지역성을 살린 재생** • 리버풀 워터스 사업 추진
4단계(2018~2035년)	**리버풀 워터와 텐 스트리트** • 쇠퇴한 부두 창고 약 26만 평 규모 지역에 약 8조 원가량의 투자가 예상되는 리버풀의 재생 프로젝트 • 리버풀 워터: 오피스, 쇼핑, 레저, 주거, 호텔, 에버튼 전용 축구 경기장 • 텐 스트리트: 주거 복합 용도로 재생

∴ **문화 중심 리버풀 도시 재생 단계별 정리**

앨버트 독은 부두와 물류창고의 역할을 동시에 수행하는 곳으로 빅토리아 여왕의 남편인 알버트 공의 지휘 아래 1846년 오픈했다. 돌을 이용하여 화재에 강한 물류창고 시스템을 세계 최초로 건축한 사례이기도 하다. 이곳은 20세기 중반 제2차 세계대전 이후 입항 선박 크기의 변화로 물류창고로서 경쟁력이 떨어지며 쇠퇴하기 시작하였고 1972년, 126년 만에 파산하여 폐쇄되었다.

1981년 리버풀 재생 사업을 착수하여 1984년부터 차례로 앨버트 독 오피스 건물과 창고 건물을 재생하고, 1986년 해양박물관 이전 개관, 1988년 테이트 리버풀 미술관 개장까지 진행하며 리버풀 경제의 부활을 알리는 계기를 마련하였다. 그리고 1990년 비틀즈 스토리, 2007년 국제 노예 박물관 등 박물관과 미술관, 레스토랑, 카페 등이 들어서면서 연간 600백만 명 이상의 관광객이 방문하는 관광 명소가 되었다.

테이트 네트워크Tate Network라고 불리는 현대미술 전문 재단 미술관은 1897년 설탕 제조업을 하던 헨리 테이트Henry Tate의 아이디어로 시작됐다. 그는 소장 미술 작품을 기증하면서 영국 화가들의 작품 전시공간이 부족하다는 사실을 알게 되고 새 전시공간을 만들기로 했다. 밀뱅크 교도소를 개조해서 내셔널 갤러리를 개관, 영국 작가들의 작품을 한곳에서 전시하게 되었다. 이후 1932년에는 테이트 갤러리로 이름을 바꾸고, 1955년에는 내셔널 갤러리로부터 독립했다. 1988년에 테이트 리버풀, 1993년에 테이트 세인트 아이브스, 그리고 2000년에 테이트 모던이 개관해 테이트 네트워크가 구축되었다.

테이트 리버풀은 영국에서 런던을 제외한 지역의 현대 미술관 중 가장 큰 규모이고, 그만큼 많은 이들이 찾는다. 테이트 리버풀은 화물 창고를 개조해서 만들었는데 처음에는 다들 모험으로 여겼다. 붉은 벽돌로 외벽 마감이 된 화물 창고가 미술관과는 어울리지 않는다는 우려였다. 그러나 1980년대 리버풀의 혁신 프로젝트 중 하나로 7층 창고 건물을 5층짜리 현대미술관으로 바꾼 시도는 성공이었다. 2007년에는 입구를 새롭게 단장해

출입구부터 독특한 분위기의 미술관으로 사람들의 사랑을 받고 있다. 테이트 리버풀에서는 20세기와 21세기 작품 위주로 기획 전시를 하며, 사라 루카스, 윌리엄 브레이크, 마르셀 뒤샹, L.S. 로리 등의 작품을 소장하고 있다. 미술관은 작품을 수집, 소장할 뿐만 아니라 다양한 전시를 선보이며 주민과 관광객이 리버풀에서 현대미술의 다양한 경험을 쌓을 수 있도록 하고 있다.

리버풀에서 꼭 가야할 곳으로 손꼽히는 곳에는 2017년 6월 개관한 국가 건축센터 리바 노스RIBA North가 있다. 카페와 쇼핑 시설을 이용할 수 있을뿐만 아니라 전시, 토크, 투어와 함께 건축에 대해 다양한 지식을 얻을 수 있는 곳이다. 유럽의 문화수도인 리버풀의 중앙 정보 거점 역할을 하며 리버풀의 과거, 현재 및 미래를 담은 도시의 갤러리 역할을 한다.

한때 노예무역의 거점 역할을 했던 리버풀에 2007년 8월 국제 노예 박물관이 오픈하였다. 이 박물관은 대서양 횡단 노예무역의 역사와 유산에 초점을 맞추고 있다. 서아프리카 사람들의 삶과 그들의 노예화 그리고 자유를 위한 끊임없는 싸움을 주제로 한 3개의 전시관으로 이루어져 있다.

또 블루코트는 리버풀에서 가장 오래된 현대예술의 중심지이다. 미술 전시회, 토론, 공개회의, 캠페인, 시 낭송, 음악 콘서트 및 리사이틀, 문화 강의 등 문화예술과 관련된 다양한 행사가 진행된다. 또한 약 30명의 예술가, 수집가, 소규모 예술 조직과 공예인을 위한 지원 시설을 제공하며 연간 약 70만 명이 방문하

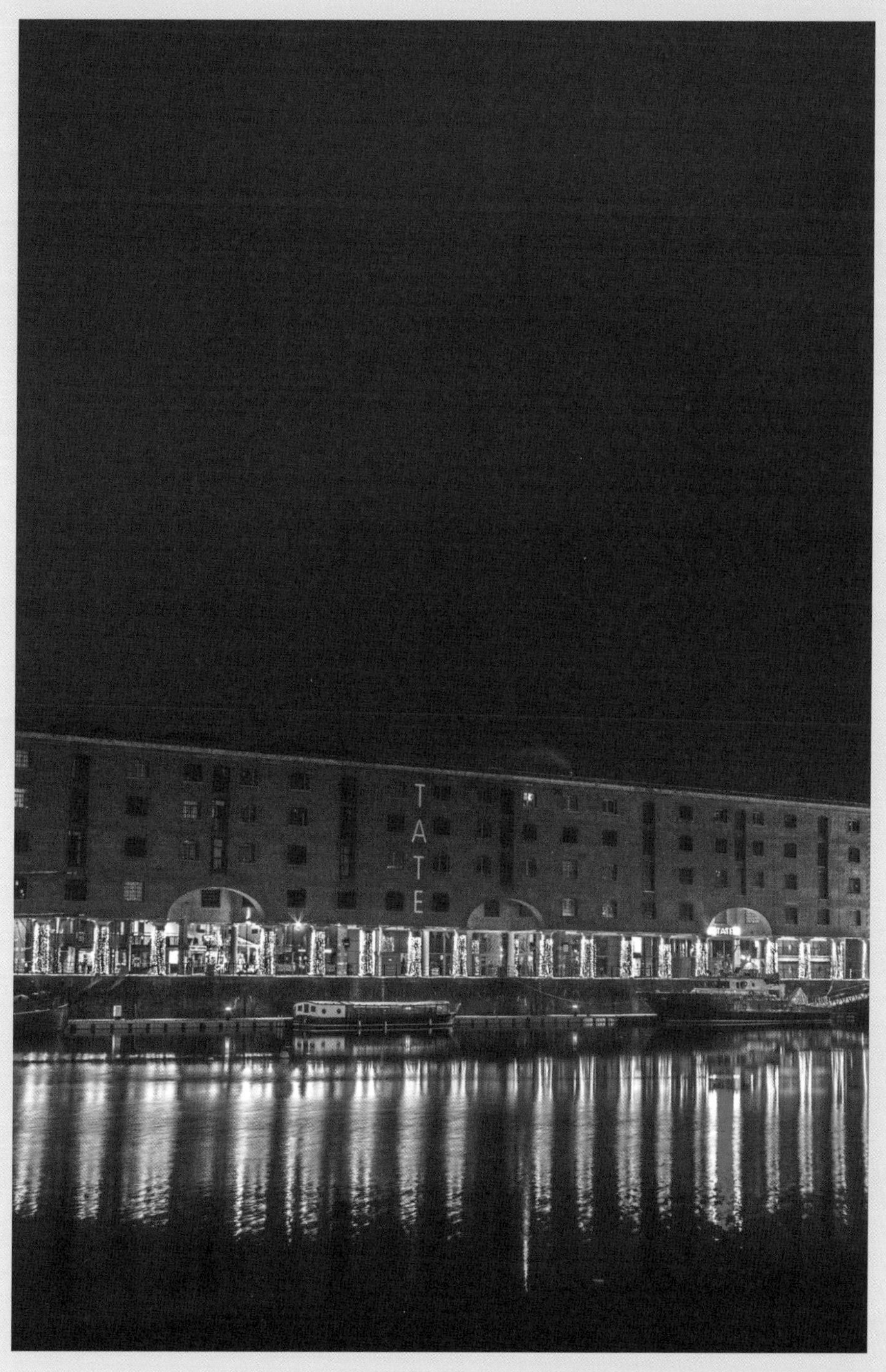

창고에서 미술관으로 탈바꿈한 테이트 리버풀

는 영국 국립유산 목록으로 지정된 곳이다.

도시 재생과 함께 리버풀에 있는 오래된 문화예술 공간들도 다시 사랑받기 시작했다. 워커 아트 갤러리Walker Art Gallery는 1877년 9월 6일 문을 연 역사 깊은 미술관이다. 미술관에 거액을 기부했던 것을 기리기 위해 기부자인 앤드류 바클레이 워커의 이름을 따서 이름을 지었다. 1300~1550년 이탈리아와 네덜란드 미술품, 1550~1900년 유럽 미술품, 빅토리아 시대의 주요 작품과 라파엘 전파 작품, 다양한 판화, 수채화 작품 등을 수집하여 소장하고 있다. 그 외에도 루시안 프로이트, 데이비드 호크니, 길버트, 조지 등 세기의 예술가 작품들과 주요 조각품, 영국 도자기 등 폭넓은 범위의 작품을 소장, 전시하고 있다.

리버풀 중앙도서관은 리버풀에 있는 22개 도서관 중 가장 큰 도서관이자 영국 BBC가 뽑은 세계에서 가장 아름다운 도서관으로 선정된 곳이다. 오래된 건물을 2009년에 건축가 오스틴 스미스 로드가 설계하여 현대적인 건물로 재건축한 사례다. 원래는 존 그레이가 설계하여 1860년 완공된 윌리엄 브라운 도서관 및 박물관 건물이었다.

어린이였던 폴 매카트니가 1953년 글짓기 대회에 출품했던 에세이가 2009년 이 리버풀 중앙도서관에서 발견되었다는 뉴스도 나왔었다. 엘리자베스 2세 여왕의 대관식에 맞추어 실시한 글짓기 대회였다고 한다. 폴 매카트니는 당시 11세 이하 부문에서 리버풀 시장상을 받았는데, 글을 발견한 영국의 자료 조사가 케빈 로치는 '열 살짜리의 글이라기보다는 열넷 또는 열다섯 정도의 글처럼 보이는 성숙한 글'이라고 평했다. 엘리자베스 2세 여왕을 묘사하며 '우리 사랑스럽고 젊은 여왕'이라고 표현했다는 점도 시간의 흐름이 느껴져 재미있다.

세프턴 공원Sefton Park은 95만 제곱미터 넓이의 공원으로 리버풀 남부에 있다. 이 공원에는 테니스장, 볼링, 조깅 코스, 축구장 등 스포츠 시설들이 갖춰져 있고, 서커스, 음악 콘서트의 공연장이 되기도 한다. 영국 유산으로 지정된 역사적인 공원이다.

리버풀 박물관은 2011년 리버풀의 옛 박물관을 대신하여 문을 연 국립 박물관으로 도시의 역사성을 소재로 한 박물관이다. 덴마크 설계회사 3XN가 설계하였으며, 8000제곱미터의 전시 공간에 6000여 개의 소장품을 보관하고 있다. 소장품은 의상과 장식미술, 곤충학과 식물학 수집품, 사회와 도시를 대표하는 물건, 구전 증언, 고고학 자료, 사진 자료 등 도시의 이야기를 확인할 수 있는 자료들이다.

세계적인 축구 명문 구단 리버풀 FC의 홈구장인 안필드는 5만 4074명을 수용하는 영국에서 다섯 번째로 큰 경기장이다. 1884년 개장하여 원래 애버턴 FC의 홈구장이었지만 1892년에 애버턴 FC가 구디슨 파크로 떠나고 이때부터 리버풀 FC의 홈구장이 되었다. 몇 차례의 보수와 대대적인 공사가 이루어져 지금의 모습을 갖추게 되었다. 안필드에서는 UEFA 유로, FA컵 등등 수많은 국제 경기를 개최해 왔으며, 럭비 행사, 복음 전도, 음악 콘서트 등도 개최하고 있다.

특히 축구 마니아들은 다 아는 이야기인데, 안필드에서는 킥오프 직전의 '떼창'이 압권이다. 리버풀의 주제가로 인식되는 밴드 게리 앤 더 페이스메이커의 노래 'You will never walk alone'을 수만 명이 함께 부르면 전율이 느껴진다. 이 장관은 축구 팬이 아닐지라도 매혹될 정도로 감동적이라, 축구를 좋아하는 팬이라면 한번쯤 꼭 가보고픈 경기장 중 하나로 알려져 있다. 리버풀 FC 스태프와 선수들, 리버풀 시민, 관중들은 경기 시작 전에 이 노래를 합창하며 승리를 향한 결의를 다진다고 한다.

맨체스터시티가 2022년, 2023년 프리미어리그 우승 트로피를 드는 순간 관중과 다 같이 비틀즈의 'Hey Jude'를 부르는 장관을 연출하였다. 맨시티가 프리미어리그 전신인 풋볼리그 퍼스트 디비전에서 두 번째로 우승한 해인 1968년에 'Hey Jude'가 발표되었다고 한다. 영국인 모두가 어떻게 하든 이유를 만들어 비틀즈와 연관되는 의미를 부여하는 모습이다. 리버풀을 넘어 영국 국민을 하나로 뭉치게 하는 비틀즈의 힘, 문화예술 활동임을 느끼게 한다.

리버풀 도시 혁신
다이아몬드 프레임워크

인물과 장소가 잘 융합된 도시 리버풀, 리버풀의 도시 분석을 통해 문화예술 활동Activity 핵심유형별 이미지화 과정을 살펴보면 다음과 같다. 세계적인 레전드 팝그룹 비틀즈가 있기에 리버풀을 되살리고, 지금의 리버풀의 역사를 써 내

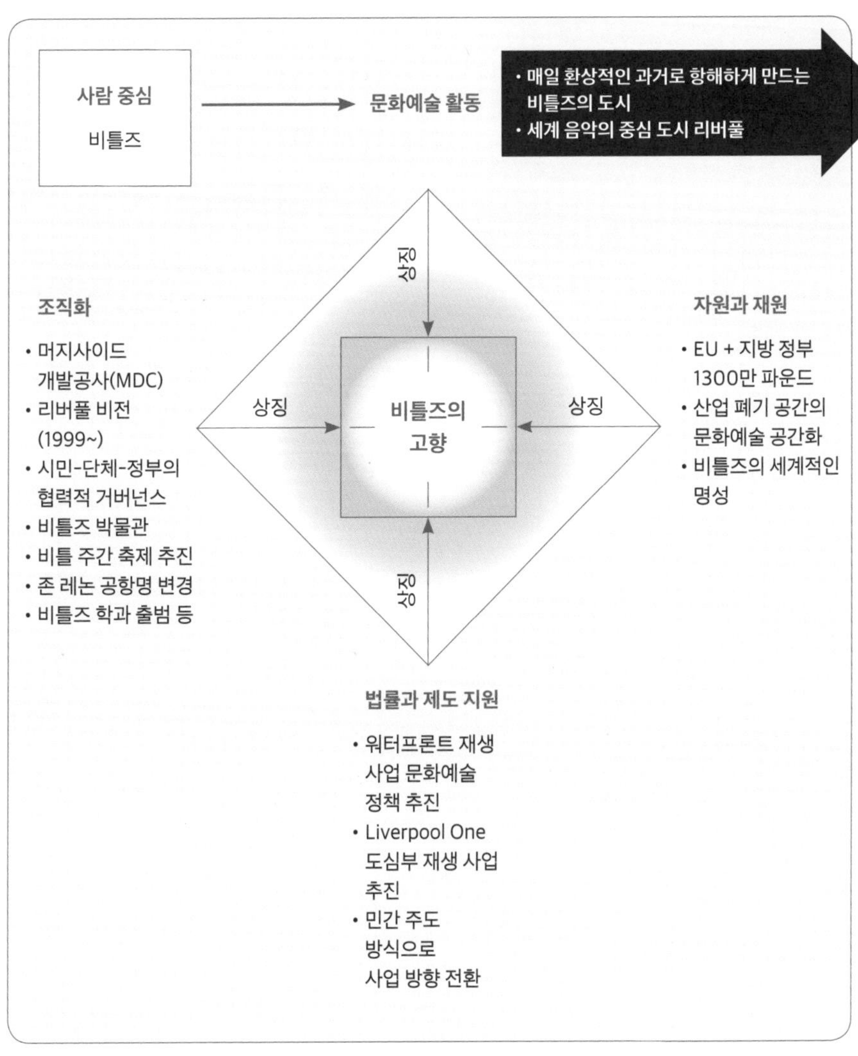

∴ **비틀즈의 도시 리버풀 도시 혁신 다이아몬드 프레임워크**

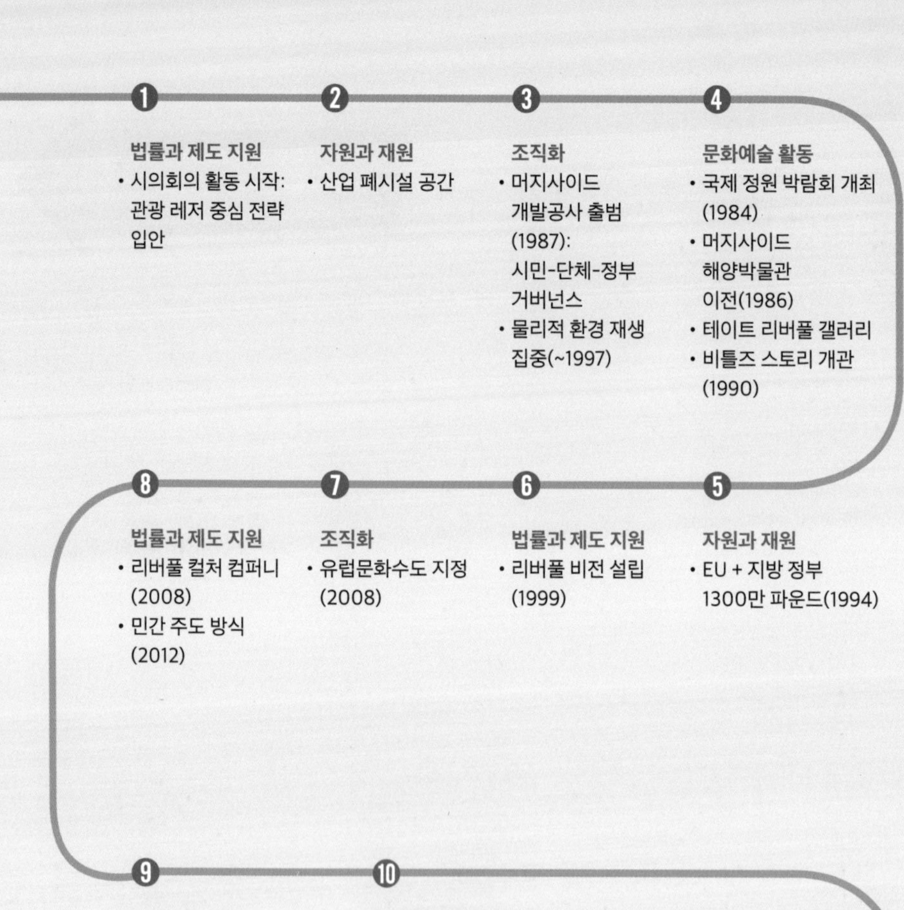
1
법률과 제도 지원
• 시의회의 활동 시작: 관광 레저 중심 전략 입안
2
자원과 재원
• 산업 폐시설 공간
3
조직화
• 머지사이드 개발공사 출범 (1987): 시민-단체-정부 거버넌스
• 물리적 환경 재생 집중(~1997)
4
문화예술 활동
• 국제 정원 박람회 개최 (1984)
• 머지사이드 해양박물관 이전(1986)
• 테이트 리버풀 갤러리
• 비틀즈 스토리 개관 (1990)
5
자원과 재원
• EU + 지방 정부 1300만 파운드(1994)
6
법률과 제도 지원
• 리버풀 비전 설립 (1999)
7
조직화
• 유럽문화수도 지정 (2008)
8
법률과 제도 지원
• 리버풀 컬처 컴퍼니 (2008)
• 민간 주도 방식 (2012)
9
문화예술 활동
• 폴 매카트니 등 문화 행사 본격화
• 비틀 주간 축제
• 존 레논 공항명 (2001)
• 비틀지 활동 장소 투어 프로그램 판매
10
문화예술 활동
• 비틀즈 학과 출범 (2009)
• 비틀즈 조각 동상 (2015)
• 2023년 신곡 출시 '나우 앤 덴'
사람 중심 활동
비틀즈의 도시 리버풀

∴ 비틀즈의 도시: 사람 중심 활동 프로세스

려 간다. 리버풀이라는 도시 브랜드가 탄생하기까지 어떤 과정과 서사가 있었는지, 리버풀의 도시 프레임워크를 보면 리버풀 역시 다이아몬드 도시 프레임워크를 구축하고 있다.

사실 처음에는 눈에 보이지 않는 비틀즈의 명성이 얼마나 가치 있는지 알지 못해 적극적으로 활용하지 않았다. 버려진 산업 시설을 재생하며 물리적 재생을 추진한 이후, 1990년에야 박물관 비틀즈 스토리를 개관하고 비틀즈의 명성을 적극적으로 활용하였다. 비틀즈의 세계적인 명성은 1960년대부터 지속되었으나 리버풀이 비틀즈의 도시로 이미지를 구축한 것은 그 한참 뒤이다.

리버풀의 도시 혁신 사례를 통해 자원과 재원Resource의 종류에 따라 문화예술 활동Activity 활용 방안에 대한 새로운 아이디어를 적용하는 것은 중요한 의사결정 사항임을 알 수 있었다. 눈에 보이지 않는 비틀즈의 명성을 이용하여 경험의 방법을 찾기까지 어려움이 있었지만 비틀즈의 활동 장소를 바탕으로 스토리텔링을 하여 투어 프로그램을 만들고, 비틀즈 주간 축제를 개최하여 비틀즈를 추억하게 하였다. 비틀즈를 모방하는 카피 밴드의 공연 등을 적극 지원하며 요즘 유행하는 밈처럼 비틀즈의 스토리를 지속적으로 재생산하여 리버풀을 비틀즈의 도시로 기억 속에 새기고 있다. 결론적으로 리버풀의 도시 혁신과 재생에 필수요소 자원과 재원Resource, 법률과 제도 지원Regulation, 조직화Organization, 문화예술 활동Activity은 융합적 역할을 하여 도시 혁신의 성공적인 모델을 만든다. 리버풀은 시의회의 문제의식으로 출발하여

문화예술 활동 핵심 유형	• 사람 중심
자원과 재원	• EU + 지방 정부 1300만 파운드, 산업 폐기 공간 • 비틀즈의 세계적인 명성
조직화	• 머지사이드 개발공사(MDC), 리버풀 비전(1999~) • 시민-단체-정부의 협력적 거버넌스
법률과 제도 지원	• 워터프론트, Liverpool One 도심부 재생 사업 문화예술 정책 추진 • 민간 주도 방식으로 사업 방향 전환

⇩

- 영국이 세계로 뻗어나가는 관문이자 수도 런던보다 부유한 도시였으나 산업 변화와 함께 슬럼화가 진행되며 쇠락
- 비틀즈를 중심으로 도시 혁신 진행, 문화예술과 세계 음악의 중심지로 매일 환상적인 과거로 항해하게 하는 곳, 비틀즈의 도시가 된 리버풀

∴ **비틀즈의 도시 리버풀 서사 구조 분석**

사람 중심 활동People Centric으로 도시가 품고 있는 레전드 인물을 스토리화하는 데서 도시 혁신이 시작되었다. 그 결과 리버풀은 비틀즈의 도시로 하나의 브랜드를 형성하고, 많은 이들이 찾는 도시가 되었다.

오스틴의 SXSW 음악축제와 커뮤니티 문화

오스틴은 SXSW 음악축제를 통하여
독창성이 묻어나는 커뮤니티 문화를 강화하고
오스틴의 기업 문화를 정착시키고 발전할 수 있었다.

오스틴은 사우스 바이 사우스웨스트SXSW 음악축제의 도시, 커뮤니티의 도시로 불린다. 오스틴의 SXSW 음악축제는 문화예술계뿐 아니라 다양한 분야에서 이목을 끌고 있다. 문화예술 한 분야의 발전뿐 아니라 사회, 경제, 첨단 기술과 IT, 교육, 친환경 분야까지 도시 혁신과 관련된 창조성이 뿌리내리고 있다. 더불어 오스틴만의 공유와 협업이 활발한 독특한 커뮤니티 문화가 많은 사람들의 시선을 끈다.

오스틴의 다양한 크리에이터들이 융합된 공간은 창의적인 문화예술가들을 그곳으로 이끌었다. 오스틴에 거주하는 문화예술가들은 서로 아이디어를 나누고, 또 그 과정에서 새로운 발견을 하면서 창조성을 더 높일 수 있었다. 이것이 단발성에 그치지 않도록 네트워크를 만들어 문화예술가 개인의 역량 개발은 물론 도시민들이 문화를 향유하고, 적극적인 커뮤니티를 형성하며 오스틴만의 문화가 생겨났다.

지역 축제에서 세계적 축제로 발돋움한 SXSW

오스틴 SXSW 음악축제는 소규모 지역 음악축제가 세계적인 융복합 축제로 성장하면서 도시의 경제와 문화, 이미지에 얼마나 큰 영향을 미칠 수 있는지 확인할 수 있는 프로그램 중심 활동Program Centric Activity의 대표적인 사례이다. SXSW 음악축제는 1987년 재능 있는 오스틴 지역 음악가들이 고립되지 않고 외부로 진출할 수 있도록 하며, 커뮤니티를 형성하여 음악산업을 활성화하겠다는 아이디어에서 시작되었다. 이에 관한 걱정도 있었지만 그 이상의 긍정적인 호응으로 추진되었다.

처음에는 단발성으로 끝날 수 있다는 우려도 나왔으나 7년간 지역 음악축제 규모로 꾸준히 진행되었고, 서서히 국가적인 축제로 주목받기 시작하였다. 1993년에는 오스틴 컨벤션 센터로 장소를 옮겨 음악 컨퍼런스와 축제를 진행하다, 1994년에 영화와 멀티미디어 부문을 추가했다. 그리고 1999년에는 멀티미디어 부문의 명칭을 인터랙티브로 변경했고 지금까지 페스티벌은 음악, 영화, 인터랙티브 부문으로 나뉘어 진행되고 있다. 이렇게 SXSW 음악축제 소셜 굿 허브는 사회혁신을 주도하는 SXSW의 음악, 영화, 인터랙티브 참가자를 모아 네트워크와 토론, 강연하는 공간으로 유명해졌다.

SXSW 음악축제 행사는 회차가 진행될수록 더욱 발전하면서 자리 잡았다. 2007년 마이크로 블로깅 스타트업 트위터가 SXSW 음악축제 인터랙티브 부문에서 소개가 되었고, 세계에서 가장 널리 쓰이는 소통프로그램이 되면서 SXSW의 입지를 더 굳히게 되었다. 연이어 2009년에는 위치 기반 소셜네트워크 서비스 포스퀘어가 SXSW 인터랙티브에서 처음으로 출시되었다. 2010년에는 인터랙티브 참가자(1만 4251명)가 음악축제 참가자(1만 3020명)를 초과하는 상황이 되었다.

2012년에는 맞춤형 음악 서비스 스포티파이가 SXSW에서 체험 마케팅을 펼치며 발돋움하고, 이미지 공유형 소셜네트워크 서비스 핀터레스트 역시 SXSW에서 출시되었다. 성공적인 이벤트가 이어지자 벤처 창업 아이디어를 검증받는 자리로 성장하며 SXSW에 세계의 시선이 집중되었다. 2015년에는 스냅챗이 출시되었고, 2016년 IT 부문 행사에 버락 오바마 대통령이 기조연설을 하며 SXSW 음악축제의 위상이 국가적 행사로 높아지는 계기가 되었다. 축제의 위상이 높아지며 레이디 가가, 콜드플레이 등 세계적인 슈퍼스타들도 오스틴을 찾아 공연을 펼쳤다.

오스틴 도시 혁신 다이아몬드 프레임워크

매년 3월 오스틴 전체를 축제의 현장으로 만들고 세계의 이목을 집중시키는 SXSW. 작은 지역 축제에서 시작해 지금은 세계 각지에서 모여든 창의적인 창조계급, 혁신적인 음악인, 영화인, 창업자가 아이디어를 공유하는 행사가 되었다. 특히, 스타업들이 자기 회사의 제품과 기술력을 선보이고 교류하는 창의의 장으로 성장하면서 기업의 창조력과 혁신을 이끄는 세계적인 문화예술 프로그램을 진행하는 독보적인 축제다.

오스틴의 SXSW 음악축제가 국제적인 행사로 성장한 요인인 자원과 재원Resource은 눈에 보이는 건물이나 물질적인 재원보다는 도시 분위기에 있었다. 아름다운 자연환경과 시민들이 공유하는 음악적 자유로움이 가장 큰 자원이다. 시민과 행정 모두 도시의 방향성에서 음악이 중심임을 공감하고 공유하고 있다. 그 배경에는 활기 넘치는 라이브 음악 문화와 오스틴에 있는 200개 넘는 라이브 공연 무대가 있다.

오스틴은 히피 문화처럼 개방적이고 자유롭고 평등을 중시하고, 엉뚱함을 장려하는 분위기 속에 서로의 다양성을 존중하는 도시 정체성을 가지고 있다. 이러한 오스틴의 정신이 SXSW 음악축제가 국제적인 규모의 페스티벌로 성장할 수 있는 밑거름이었다. 거기에 음악, 예술의 중요함을 인지하고 중요한 시 정책 의사결정을 위한 토론 등에 예술가들을 참여하게 한 윌 와인 시장의 리더십도 큰 역할을 했다.

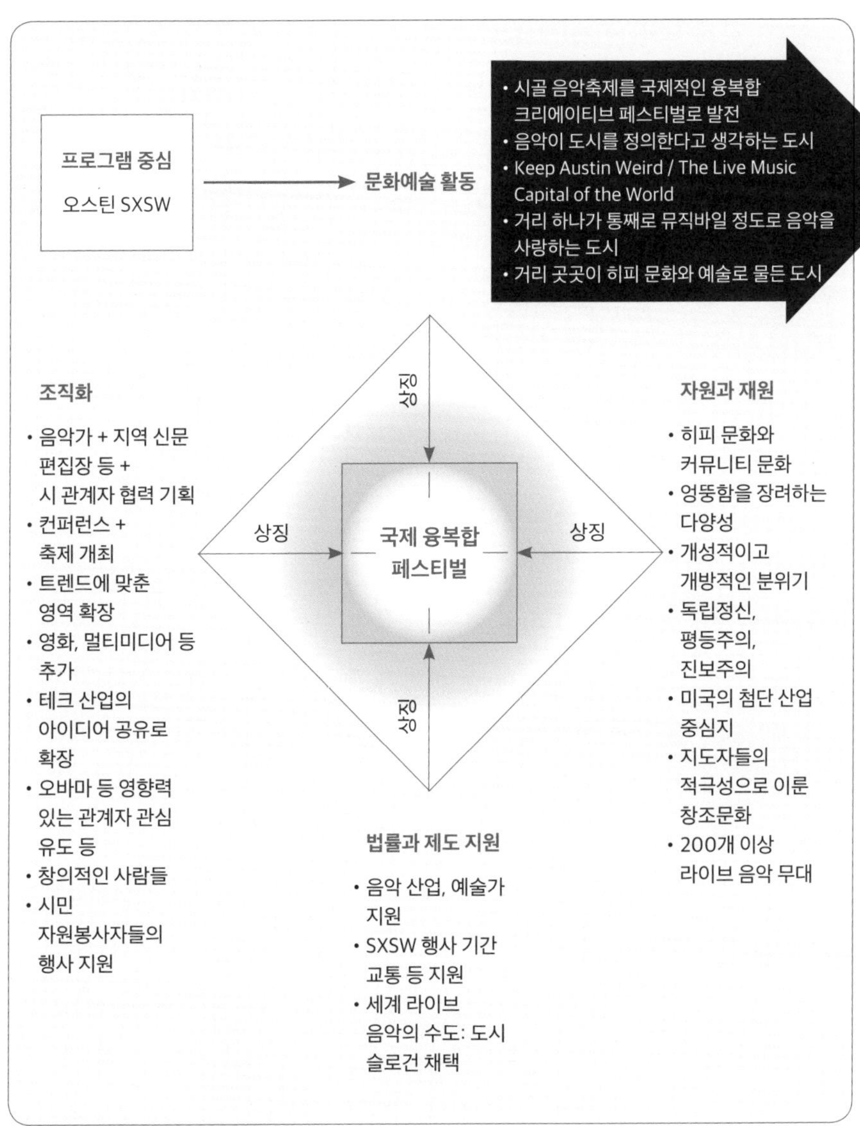

프로그램 중심
오스틴 SXSW
문화예술 활동
• 시골 음악축제를 국제적인 융복합 크리에이티브 페스티벌로 발전
• 음악이 도시를 정의한다고 생각하는 도시
• Keep Austin Weird / The Live Music Capital of the World
• 거리 하나가 통째로 뮤직바일 정도로 음악을 사랑하는 도시
• 거리 곳곳이 히피 문화와 예술로 물든 도시
조직화
• 음악가 + 지역 신문 편집장 등 + 시 관계자 협력 기획
• 컨퍼런스 + 축제 개최
• 트렌드에 맞춘 영역 확장
• 영화, 멀티미디어 등 추가
• 테크 산업의 아이디어 공유로 확장
• 오바마 등 영향력 있는 관계자 관심 유도 등
• 창의적인 사람들
• 시민 자원봉사자들의 행사 지원
상징
상징
상징
상징
국제 융복합 페스티벌
자원과 재원
• 히피 문화와 커뮤니티 문화
• 엉뚱함을 장려하는 다양성
• 개성적이고 개방적인 분위기
• 독립정신, 평등주의, 진보주의
• 미국의 첨단 산업 중심지
• 지도자들의 적극성으로 이룬 창조문화
• 200개 이상 라이브 음악 무대
법률과 제도 지원
• 음악 산업, 예술가 지원
• SXSW 행사 기간 교통 등 지원
• 세계 라이브 음악의 수도: 도시 슬로건 채택

∴ **오스틴 SXSW 음악축제: 도시 혁신 다이아몬드 프레임워크 분석**

이렇게 여러 분야가 융합하여 오스틴이 세계적인 첨단산업 중심지로 성장하면서 많은 도시 지도자와 도시 개발 전문가가 벤치마킹을 위해 방문했다. 오스틴을 보면 도시가 매력적으로 변화하는 데는 궁극적으로 시민들과 지도자의 비중이 크다는 사실을 알 수 있다. 오스틴의 성장 역사에는 중앙정부의 지원도 있었지만, 미국의 첨단산업 도시로 설계한 코즈메츠키 같은 민간 지도자의 안목과 아이디어, 이를 받아들이고 실행한 오스틴 시 행정부의 역할이 크다.

오스틴 기후와 척박한 토양에 도전해 어려움을 극복하며 울창한 자연 숲을 만들어 낸 사람들로부터 오스틴의 혁신적인 정체성은 축적되었을 것이다. 사람이 도전하고 혁신하여 새로운 자연환경을 만든 사례이다. 이렇게 창의적인 사람들이 만든 창조도시 오스틴은 또 새로운 생태계가 형성되는 토양이 되었다. 그런 창조 도시에서 창의력을 가진 독특한 시민들이 자유롭게 만든 지역축제가 다른 도시와 국가에서 배우고 참여하고 싶은 세계적인 행사로 성장한 것은 어쩌면 자연스런 결과이다.

AI시대, IT융합이 모든 분야에서 진행되는 시대다. IT전시회는 미래에 다가올 기술에 대한 막연한 기대와 흥분을 준다. 매년 세계 주요 도시에서 열리는 IT전시회는 과거에는 기업들의 제품과 기술을 알리는 장이었다면, 최근에는 시시각각 변하는 새로운 기술과 서비스에 대한 트렌드, 스타트업 기술과 아이디어를 발굴하기 위한 장으로 변화하고 있다.

세계 3대 IT전시회는 라스베이거스에서 열리는 CES, 바르셀로나에서 열리는 MWC, 베를린에서 열리는 IFA가 있다. 여기에 30년의 그리 길지 않은 역사 안에서 성공한 스타트업 기업의 등용문이 된 SXSW는 색다른 아이디어와 자유로움, 즐길거리가 무궁무진한 차별화된 행사다. 행사 기간 내내 영화, 음악, 예술, 코미디 등 섹션별 컨퍼런스가 라운지와 펍 등에서 펼쳐진다. 단순 관람과 설명이 아닌 다른 기업, 해외 참가자들과 교류하고 토론할 수 있는 부분이 차이점이다. CES, MWC는 블록체인, 클라우드, SaaS 등 기술을 테마로 삼아 업계 사람들 중심이라면, SXSW 음악축제는 디자인, 브랜드, 광고, 메타버스, 미디어 아트, 인터랙티브 등 테마 자체도 대중적인 흥미를 유발해 더 폭넓게 사람들이 모이고 즐긴다.

무엇보다 세계 스타트업의 꿈의 무대라고 하는 SXSW 음악축제 피치pitch에서는 사회적 이슈나 환경 문제 등 다양한 분야의 창의적인 스타트업 기업들을 확인할 수 있다. 2023년에는 인공지능 및 음성, 엔터프라이즈 및 스마트 데이터, 엔터테인먼트, 미디어 및 콘텐츠, 식품, 영양 및 건강, 일의 미래, 혁신적인 세계 기술, 메타버스와 Web3.0으로 카테고리를 나누어 시상했다. 특히 우승자는 상금과 다음 해 SXSW 콘퍼런스 배지 2개, 상(SXSW Arrow)을 받게 된다. 그리고 가장 중요한 SXSW 참석자나 잠재 투자자와 매칭시켜 주는 행운을 얻을 수 있다. 이렇게 지금까지 15회를 맞이한 SXSW 피치에는 613개 기업이 참석했으며, 그중 93퍼센트 이상이 거의 215억 달러가 넘는 자금과 인수를 받아, 오스틴만의 커뮤니티 문화의 장점을 그대로 보여 주고 있다.

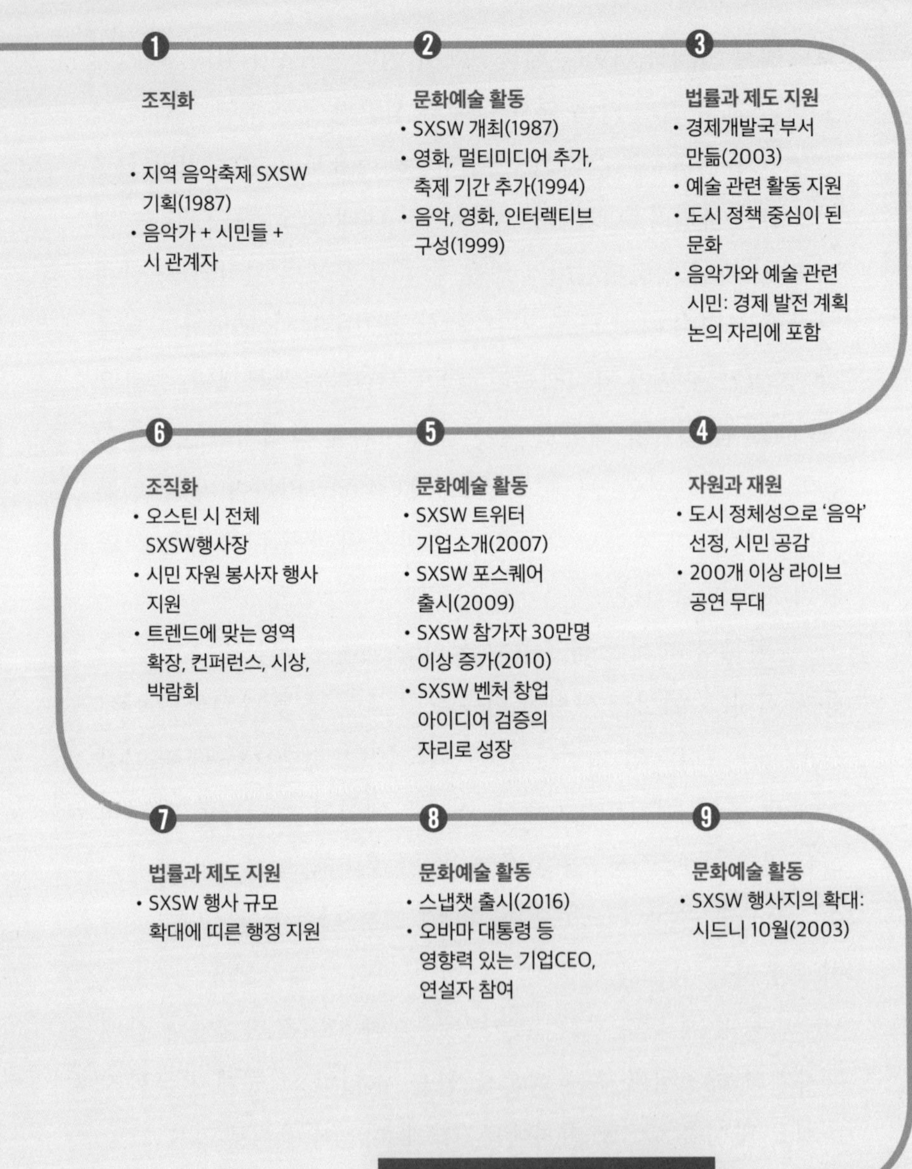

1
조직화
• 지역 음악축제 SXSW 기획(1987)
• 음악가 + 시민들 + 시 관계자
2
문화예술 활동
• SXSW 개최(1987)
• 영화, 멀티미디어 추가, 축제 기간 추가(1994)
• 음악, 영화, 인터렉티브 구성(1999)
3
법률과 제도 지원
• 경제개발국 부서 만듦(2003)
• 예술 관련 활동 지원
• 도시 정책 중심이 된 문화
• 음악가와 예술 관련 시민: 경제 발전 계획 논의 자리에 포함
4
자원과 재원
• 도시 정체성으로 '음악' 선정, 시민 공감
• 200개 이상 라이브 공연 무대
5
문화예술 활동
• SXSW 트위터 기업소개(2007)
• SXSW 포스퀘어 출시(2009)
• SXSW 참가자 30만명 이상 증가(2010)
• SXSW 벤처 창업 아이디어 검증의 자리로 성장
6
조직화
• 오스틴 시 전체 SXSW행사장
• 시민 자원 봉사자 행사 지원
• 트렌드에 맞는 영역 확장, 컨퍼런스, 시상, 박람회
7
법률과 제도 지원
• SXSW 행사 규모 확대에 따른 행정 지원
8
문화예술 활동
• 스냅챗 출시(2016)
• 오바마 대통령 등 영향력 있는 기업CEO, 연설자 참여
9
문화예술 활동
• SXSW 행사지의 확대: 시드니 10월(2003)
프로그램 중심 활동
세계 최대의 융합 페스티벌 SXSW

∴ 오스틴 SXSW 음악 축제: 프로그램 중심 활동 프로세스

1987년 지역 음악축제로 시작된 SXSW 음악축제는 도시의 산업 발전에 기여하는 국제 MICE 행사로 성장하고, 이제는 행사 지역을 확대하여 2023년 10월에는 시드니에서도 행사를 개최했다. SXSW는 오스틴이 문화도시로서의 정체성을 만들어 나가는 데 중요한 역할을 하였으며, 다른 산업까지 확대되었다. 영화, 게임, 디지털미디어, 최신 기술과 스타트업 등 가장 혁신적인 아이디어와 비즈니스가 한자리에 모일 수 있는 세계적인 혁신 문화의 장으로 거듭났다. SXSW 음악축제는 최신 트렌드와 이슈에 대한 이해, 네트워킹, 엔터테인먼트를 위한 투자의 기회를 엿볼 수 있는 세계 최대의 융합 페스티벌이다. 세계 어디서도 찾아보기 힘든 독특한 축제로 포지셔닝에 성공하며 오시틴의 도시 혁신을 이끌었다.

지금까지 살펴본 것처럼 오스틴 SXSW는 프로그램 중심 활동Program Centric Activity에 해당된다. 오스틴의 SXSW는 지역 음악축제 기획이라는 조직Organization으로 시작하여 확장을 거듭해 국제 융복합 축제로 발전되었다. 그래서 역사가 있는 행사로 지역에서 이미 존재하는 문화자산을 어떻게 새롭게 혁신하여 가치를 높일 것인가에 관한 사례가 되었다. 문화예술을 통한 도시 혁신 성공은 도시 혁신 필수요소 중 자원과 재원Resource을 발굴하고, 활용하여 문화예술 활동Activity의 핵심 유형 중 무엇으로 개발하고 발전시킬 것인지에 대한 전략이 중요함을 확인하는 사례이다.

오스틴은 자유롭고 개방적인, 문화예술을 후원하며, 히피와 빈티지와 인디 문화를 포용한다. 그리고 자연과 더불어 살아가는 여유롭고 생태 친화적인 도시이다. 텍사스 오스틴은 하이테크 기술자부터 문화예술가, 뮤지션, 요리사, 패션 디자이너, 작가, 프로그래머 등 IT업계 종사자, 교육자 등이 어우러져 살아가며 독특한 도시 문화를 형성했다. 그리고 이를 필요로 하고 매력을 느끼는 이들이 모여 '문화 도시' 오스틴을 만들었다. 오스틴만의 자유로움은 창의적인 인재 유입과 경제 성장을 끌어내는 창조경제의 대표적인 사례로 평가받고 있다.

즉 오스틴은 대학, 기업 시민과 협력해 인재를 영입하고, 예술가, 크리에이터들이 창조성을 발휘할 문화예술 활동 공간 등 기반 시설을 만들었다. 또 이들이 활동할 세계적 수준의 공연, 전시, 박람회, 페스티벌 등이 존재해 많은 창작자가 자연스레 오스틴으로 향하였다. 창작가들, 즉 창조계급이 풍성하여 여러 문화예술 행사를 개최하는 일은 어렵지 않은 환경이 되었다. 창조계급이 안정된 모습으로 문화예술 활동을 할 수 있도록 하고, 또 도시민들도 문화예술 프로그램 활동에 능동적이고 적극적으로 참여할 수 있게 한 선순환은 오스틴의 문화예술을 더 활성화시켰다.

그래서 오스틴의 도시 혁신 키워드는 '음악, 예술, 환경, 창의성' 등으로 요약할 수 있다. 오스틴은 문화생태계가 창조산업 발전과 지역 정체성 강화에 중요한 요소임을 일찍 깨닫고, 문화생산이 지속 가능한 도시 환경을 만들어 인구 유입을 이끌었다. 거주하는 이들, 또 방문하는 이들이 서로의 문화를 경험하고 향유할 수 있는 공간을 마련했다. 이는 문화예술 활동 분야의 창작자와 활용하는 이들 모두가 상호 연결되어 능동적으로 참여할 수

문화예술 활동 핵심 유형	• 프로그램 중심
자원과 재원	• 히피 문화와 커뮤니티 문화 • 200개 이상의 라이브 공연 무대 • 엉뚱함을 장려하는 다양성 • 개방적인 분위기
조직화	• 음악가 + 창의성 있는 시민 + 시 관계자들의 기획 • 트렌드에 맞춘 변화와 확장 기획
법률과 제도 지원	• 예술가 지원, 도시 정책 토론에 예술가 참여 • The Live Music Capital of the World 공식 슬로건 지정

⇩

- 지역 음악축제로 시작, 전 세계 창의적인 사람들이 모여서 아이디를 공유하고 교류하는 세계에게 가장 미래적인 창업 기업 발표의 장으로 발전
- 국제적인 규모로 성장한 융복합 페스티벌 SXSW

∴ **융복합 국제 페스티벌 SXSW 서사 구조**

있는 도시 혁신의 발판이 되었다. 이런 환경은 다양한 문화예술 활동부터 네트워킹까지 두루 가능한 문화 생태계를 만들었고, 창조성 넘치는 도시 문화가 되었다. 도시의 잠재력을 활용해 경쟁력을 끌어올린 오스틴은 더 이상 미국 텍사스의 작은 도시가 아니다. 사람들이 스스로 찾아드는 혁신적인 도시, 문화예술의 도시, 매력적인 도시가 되었다.

현대미술의 성지 나오시마

나오시마에서는 자연환경 자체가 갤러리이고 캔버스이다.
주민들은 변화의 주체이고 주민의 삶의 터전이 작품의 일부이다.
그렇게 나오시마는 현대미술의 성지가 되었다.

나오시마, 예술의 섬, 예술의 성지라 불리는 곳. 나오시마에 있는 작품 대부분은 '나오시마가 품고 있는 자연을 중심으로 하는 미술'이다. 섬에 있는 작품은 단지 전시를 위해 기존 작품을 가져온 것이 아니었다. 작가들이 직접 찾아와 나오시마를 살펴보고, 풍광과 주변 환경에 최적화된 작품을 새로 만들어 설치했다.

나오시마 도시 혁신 다이아몬드 프레임워크

나오시마에서만 볼 수 있는 거장들의 작품과 건물, 여기에 어우러진 자연과 전통, 이 모든 걸 편안하게 즐길 수 있는 환경, 나오시마를 방문한 사람들이 공통적으로 감탄하는 요소들이다. 나오시마는 영국의 유명한 여행 잡지 <트래블러Traveler>에서 선정한 '꼭 가봐야 할 세계의 7대 명소' 중 한 곳에 뽑히기도 했다.

산업폐기물로 황폐해져 지역 주민들조차 떠나가던 섬이 1990년까지의 나오시마였다. 그러나 지금은 환경도 섬사람들의 생활도 되살아났다. 인간이 만든 낙원의 섬, 예술 섬이라는 명칭과 함께 한 해 100만여 명이 찾는 일본의 명소가 되었고 문화예술을 통한 도시 혁신의 상징이 되었다. 베네세하우스 뮤지엄, 지중 미술관, 이우환미술관, 안도 뮤지엄, 그리고 이에 프로젝트 등 이들은 모두 고유의 특성을 확보하면서도 섬의 자연적 환경과 어우러진다는 점이 가장 큰 장점이다.

나오시마는 친환경 재생으로 도시 혁신에 성공한 환경 중심 활동Pro environment Centric Activity의 사례다. 나오시마 문화촌 프로젝트의 성공으로 주민들도 환경의 일부로 태도가 변화하였고, 주변 섬들까지 자연을 중요하게 여기며 환경을 살리는 데 동참하게 됐다. 예술 중심 프로젝트에서 파급효과가 더 커졌다.

2010년 세토우치 국제축제가 세토 내해 인근 6개 섬으로 확대되었고 2013년부터 3년마다 개최되고 있다. 환경과 재생, 문

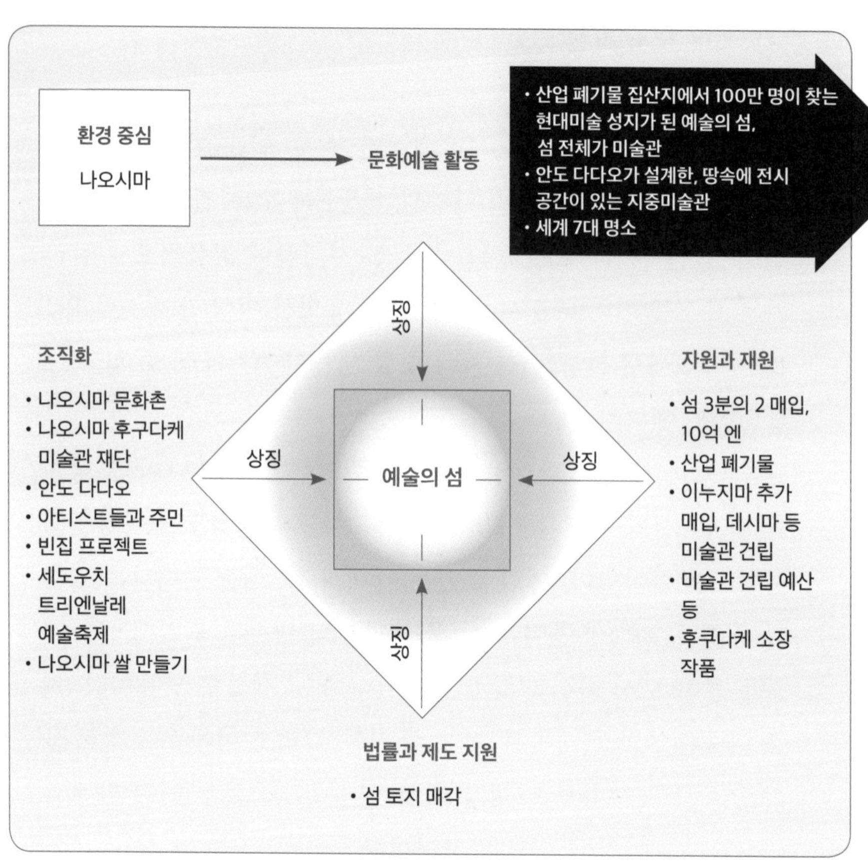
환경 중심
나오시마
문화예술 활동
• 산업 폐기물 집산지에서 100만 명이 찾는 현대미술 성지가 된 예술의 섬, 섬 전체가 미술관
• 안도 다다오가 설계한, 땅속에 전시 공간이 있는 지중미술관
• 세계 7대 명소
상징
상징
상징
상징
예술의 섬
조직화
• 나오시마 문화촌
• 나오시마 후쿠다케 미술관 재단
• 안도 다다오
• 아티스트들과 주민
• 빈집 프로젝트
• 세도우치 트리엔날레 예술축제
• 나오시마 쌀 만들기
자원과 재원
• 섬 3분의 2 매입, 10억 엔
• 산업 폐기물
• 이누지마 추가 매입, 데시마 등 미술관 건립
• 미술관 건립 예산 등
• 후쿠다케 소장 작품
법률과 제도 지원
• 섬 토지 매각

∴ **나오시마 도시 혁신 다이아몬드 프레임워크 분석**

화예술이 융합되고 지역민과 지자체 참여가 활성화되어 시너지 효과를 창출하고 있다. 세토우치 트리엔날레가 개최되는 해에는 100만 명 이상이 세토 내해 섬들을 방문한다.

일본에서조차도 잊혀졌던 작은 섬 나오시마가 수많은 이들의 발걸음을 이끌게 되기까지 그 안에 담긴 문화예술 활동Activity의 핵심 요소별 이미지화 과정을 살펴보자. 나오시마 프로젝트는 그곳의 자연환경을 중심에 두고 친환경적인 요소를 적용하는 가운데 주민 참여를 적극 유도해 나오시마에 가야만 볼 수 있는 문화예술 작품과 경험을 만들어 내 성공으로 이끈 사례다.

더불어 안도 타다오 같은 세계적인 건축가와 작가 등이 프로젝트 취지에 부합하는 새로운 작품을 만들고 자연환경을 살리는 일에 앞장서며 실천하는 좋은 모범을 보이며 순조롭게 시작되었다. 이는 다른 아티스트들도 꾸준히 동참할 수 있게 유도하는 효과를 만들어 나오시마의 지속적인 발전 가능성을 높였다. 나오시마는 앞으로도 도시 혁신의 모범 사례가 될 것이다.

나오시마는 1990년까지 60만 톤이 넘는 산업폐기물 집산지로 쓰레기 섬으로 전락하기에 이르렀다. 도시와 주민, 문화예술가, 기업이 함께 나오시마의 폐기물을 처리하는 작업부터 시작하여 자연환경 회복을 위한 기초 작업을 추진한 것이 나오시마 문화예술 활동Activity의 시작점이 되었다.

이후 도시 혁신을 위한 필수 요소인 자원과 재원Resource, 법률과 규정 지원Regulation, 조직화Organization, 문화예술 활동Activity이 단계별로 역할을 정리하며 프로젝트가 진행되었다. 무엇보다 필

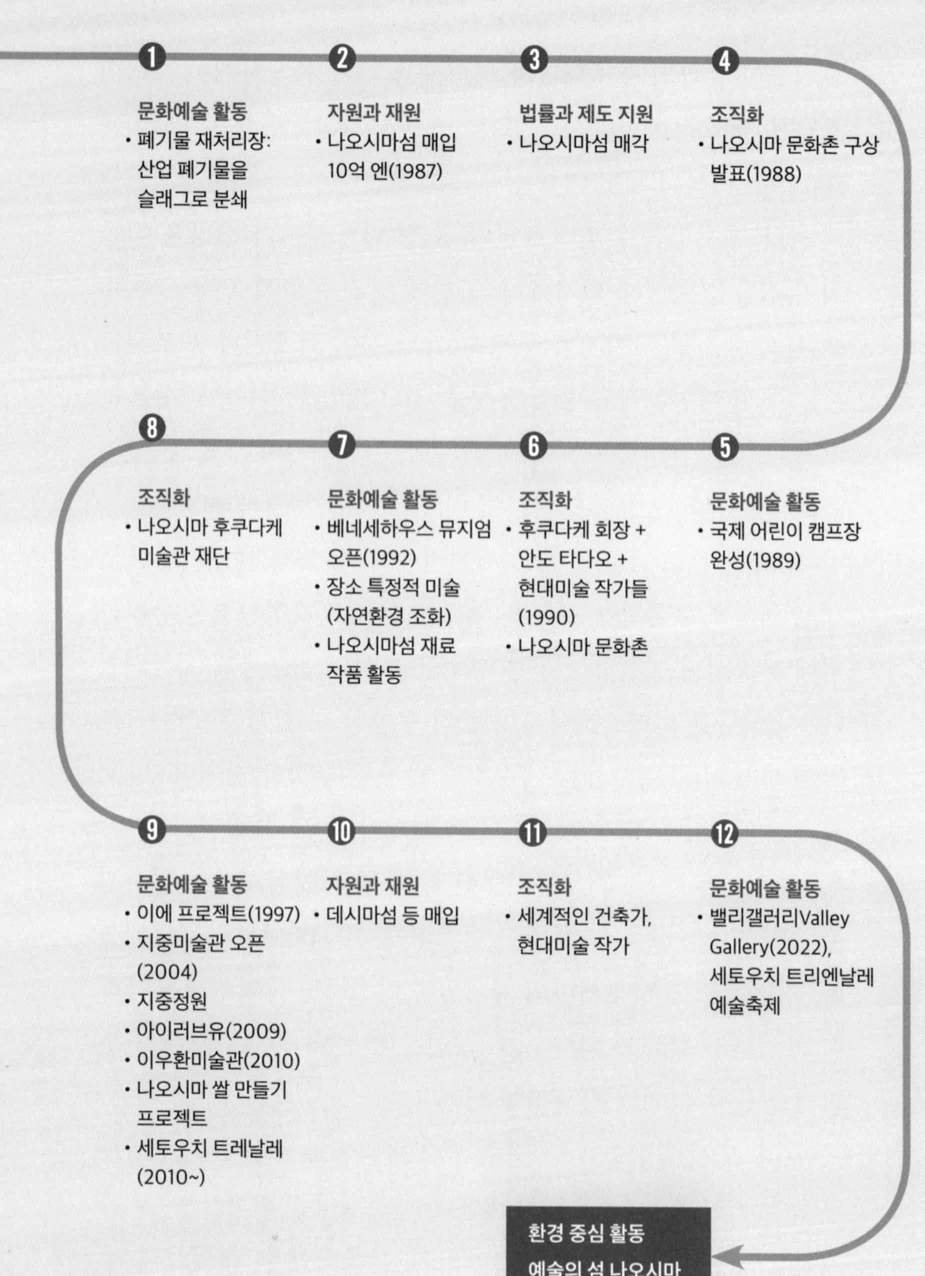

1
문화예술 활동
• 폐기물 재처리장: 산업 폐기물을 슬래그로 분쇄
2
자원과 재원
• 나오시마섬 매입 10억 엔(1987)
3
법률과 제도 지원
• 나오시마섬 매각
4
조직화
• 나오시마 문화촌 구상 발표(1988)
5
문화예술 활동
• 국제 어린이 캠프장 완성(1989)
6
조직화
• 후쿠다케 회장 + 안도 타다오 + 현대미술 작가들 (1990)
• 나오시마 문화촌
7
문화예술 활동
• 베네세하우스 뮤지엄 오픈(1992)
• 장소 특정적 미술 (자연환경 조화)
• 나오시마섬 재료 작품 활동
8
조직화
• 나오시마 후쿠다케 미술관 재단
9
문화예술 활동
• 이에 프로젝트(1997)
• 지중미술관 오픈 (2004)
• 지중정원
• 아이러브유(2009)
• 이우환미술관(2010)
• 나오시마 쌀 만들기 프로젝트
• 세토우치 트레날레 (2010~)
10
자원과 재원
• 데시마섬 등 매입
11
조직화
• 세계적인 건축가, 현대미술 작가
12
문화예술 활동
• 밸리갤러리Valley Gallery(2022), 세토우치 트리엔날레 예술축제
환경 중심 활동
예술의 섬 나오시마

∴ **예술 섬 나오시마: 환경 중심 활동 프로세스**

문화예술 활동 핵심 유형	• 환경 중심 활동
자원과 재원	• 나오시마섬 3분의 2 매입(10억 엔) • 이누지마 추가 매입, 데시마 등 호텔과 미술관 건립 • 후쿠다케 회장의 리더십
조직화	• 나오시마 문화촌 • 나오시마 후쿠다케 미술관 재단 • 안도 다다오 외 현대미술 작가, 건축가 등
법률과 제도 지원	• 나오시마, 이누지마 등 섬 토지 매각 추진

- 산업 폐기물로 오염되고 민둥산이었던 섬에서 자연 환경 복원뿐만 아니라 현대미술의 성지가 된 예술의 섬으로 혁신
- 미술관을 땅속에 넣어 자연과 조화를 이룬 건축 공법의 혁신 현장
- 기업인 개인의 30년 노력으로 한 해 100만 명이 찾는 세계 7대 명소가 된 섬

∴ **나오시마 서사 구조 분석**

수 요소의 융합이 성공적인 혁신을 담보할 수 있다는 결론이다.

이제 나오시마는 산업폐기물, 쓰레기 섬에서 자연환경 복원을 넘어 자연과 환경을 고려한 작품 제작을 하는 곳이 되었다. 어쩌면 나오시마에서 전시되는 작품의 주인공은 나오시마의 자연이라고 할 수 있을 것이다. 나오시마에서만 볼 수 있는 작품을 만들고 설치하여 현대미술의 성지가 된 예술의 섬으로 포지서닝 되었다.

오염되고 방치된 섬을 되살리는 데 30여 년의 시간이 걸렸다. 나오시마는 예술을 통해 환경 문제를 보고, 느끼고, 공감하도록 소통하는 방법을 택했다. 자연환경도 살리고, 문화예술 분야의 활성화도 이루었으며, 주민들의 참여도와 만족도도 높였다.

이렇게 예술가의 섬, 예술의 성지라고 알려지자 관광객이 늘고 젊은 층 인구도 늘었다. 나오시마의 도시 혁신에서 가장 두드러지는 점은 기업가, 예술가뿐 아니라 거의 모든 과정에서 주민들의 도움과 참여가 늘 함께했다는 부분이다. 그 결과 나오시마에서 진행된 프로젝트는 나오시마의 고유한 정체성을 보존하려고 한 점, 또 개발을 자제하는 등 주민들 편에서 이루어진 것이 많다.

나오시마의 세토우치 국제예술제에서도 그러한 면을 볼 수 있는데, 나오시마를 주제로 한 '지역 전체의 축제'로 '고유성', '지역', '창조'의 가치를 중요하게 여기고 실행하고 있다. 그중에서도 나오시마 주민에게 초점을 맞추고 그들의 작고 소소한 삶이 이어지면서 주민들에게 활력을 불어넣는 점이 도시 혁신의 중요한 지점이다. 나오시마의 도시 혁신과 지속적인 발전은 기업과 예술가 그리고 주민들 모두가 중심이 되었기에 가능했다. 한때 쓰레기 섬이라 불리던 나오시마는 도시 혁신과 함께 이제 예술의 섬, 예술가의 성지로 불리는 곳이 되었다.

6

살고 싶은 도시 만들기

도시 혁신의 시작, 도시 정체성 찾기

사람의 성격 유형을 나타내는 MBTI처럼
도시에도 고유한 정체성이 있다.
도시 정체성을 찾아야 지속 가능한 발전을 이룰 수 있다.

지금 세계 도시들은 문화예술을 통한 도시 혁신을 매일같이 고민한다. 다른 도시들과 차별화되는 특징을 찾고, 그 특징을 바탕으로 도시 정체성을 확립하려고 한다. 급속한 산업화가 이루어지던 과거에는 외관 확장에 집중하는 도시가 많았다. 그런 도시는 산업 구조가 변화하면 쇠퇴의 길로 흘러갈 수 있다. 그 후에는 경제 악화, 경기 침체로 실업률 증가, 계층 간

양극화 심화, 인구 유출, 도시의 노후화, 기반시설 부족, 세수입의 감소 등 다양한 도시 문제가 양산된다. 도시는 무기력해지고, 쇠퇴 위기에 놓인다.

도시 혁신의 목적은 도시의 독창적이고 강력한 창조성을 바탕으로 도시의 고유성과 정체성을 만들어 다방면의 경쟁력을 높이는 일이다. 도시마다 처한 상황, 즉 정치, 사회, 경제 등의 조건이 모두 다르고 구성원들의 성향도 다양하기에 도시 혁신을 위한 공식을 일률적으로 만들 수는 없다. 다만 공통적으로 문화예술 활동이 중심이 되어야 한다는 사실은 우리가 살펴본 여러 사례를 통해서 충분히 알 수 있다.

우리가 살펴본 도시 혁신의 사례들은 창조성을 바탕으로 하는 문화예술 활동과 함께 기업과 민간단체 그리고 도시민들을 아우르는 융합적 비즈니스를 추구하고 있다. 도시의 문화예술 활동은 도시의 창조성을 나타낼 수 있고 대표할 수 있는 것을 바탕으로 해야 한다. 그래야 도시 발전과 도시 혁신이 가능하다. 더욱이 도시의 문화예술 역량과 경제적 성공은 깊은 연관을 갖는다. 문화예술을 바탕으로 하는 창조도시 구축은 도시의 경제 규모, 고용, 세수 등을 결정할 정도로 비중이 커지고 있다.

지속 가능한, 경쟁력을 갖춘 도시 만들기

'지속 가능성'은 이 시대의 중요한 화두이다. 산업 생태계의 변화와 기후 위기 속에 살아남기 위해 기업들은 오래전부터 지속 가능성을 경영의 주요 지표로 삼아 왔다. 매년 지속 가능성에 대한 보고서를 발행하며 기업의 지속 가능한 경영의 방향과 실천 결과를 공개한다. 이는 미래 가치와 비전을 드러내는 가장 중요한 방법이기도 하다. 지속 가능성 보고서를 통해 기업 가치를 홍보하고, 기업이 나아가야 할 방향을 잡아가는 것이다. 도시 역시 '지속 가능성'이 갖는 무게감이 날로 커지고 있다. 그래서 오늘날 수많은 세계 도시들이 자신만의 고유하고 생기 넘치는 문화예술 활동을 펼치려 다양한 방면으로 새로운 시도를 벌인다. 이를 위해서는 창조 인재와 이들을 후원하는 기업 간 융합 및 통합적 시스템을 구축하는 것이 필요하다.

현재 하고 있는 것들을 그대로 해서는 오늘의 도시 상태가 내일도 여전히 지속될 수는 없다. 오늘날 많은 도시가 인구 소멸의 위기와 경제적 악화라는 악조건 속에서 살아남기 위해 개발과 보전, 발전과 혁신을 목표로 다양한 노력을 벌인다. 이탈리아의 피렌체와 볼로냐, 스페인의 빌바오 등과 같은 도시는 쇠퇴의 갈림길에서 도시 혁신을 통하여 지금의 모습으로 탈바꿈하여 다른 도시들의 벤치마킹 사례로 떠올랐다. 한때 영광을 누렸던 도시라도 혁신의 노력이 더해지지 않는다면 과거의 영광은 빛바랜 추억으로 전락한다.

지속 가능한, 경쟁력을 갖추기 위해서 이제 도시는 브랜드를 만들어야 하는 시대이다. 도시 브랜드는 도시의 특징과 고유성을 담은 문화예술 활동으로 형성된다. 도시 브랜드를 가지고 소통하기 위해서는 공간에 알맞은 스토리텔링을 하고 서사를 갖추고 구조화하는 일이 필요하다. 그리고 이를 위해 선행해야 하는 작업은 도시만의 핵심 자원, 정체성을 파악하는 일이다.

도시 MBTI를 말하다

몇 해 전부터 우리 사회에 성격 유형 검사 MBTI에 대한 관심이 높아졌다. 사람들은 MBTI를 통해 나 자신을 발견하고 상대방에 대한 이해도를 높여, 일과 관계 등을 풀어가는 데 도움을 받곤 한다. 외적으로만 판단하는 것이 아니라 내적 성향을 파악하는 역할을 하였다. 사람의 내적 성향을 중요하게 바라보는 점은 MBTI의 순기능이다.

이를 도시에도 적용할 수 있다고 생각한다. 각 도시는 도시만의 고유성과 정체성을 가지고 있고, 그것이 구현되었을 때 도시의 창조적인 특징으로 지속 가능한 발전을 할 수 있다. 이는 도시 스토리텔링의 초석이다.

우리가 살고 있는 시대에는 도시가 품고 있는 성향을 파악하고, 도시의 특징을 잡아내는 것, 도시를 세분화하는 작업을 반드시 수행해야 한다. 그래야 도시의 미래 비전 제시가 가능해진다. 도시 혁신 필수 요소 4개와 문화예술 활동Activity 핵심 유형 4가지를 기준으로 각 도시를 살펴보고 이를 토대로 도시의 성향을 구분하고 분석하는 작업은 그 도시만의 MBTI 성향을 찾아내는 일이라고 생각한다.

도시 혁신,
점검이 필요할 때

문화예술을 통한 도시 혁신은 필요한 자원을 마련하고, 조직을 만들고, 운영과 활동의 유형을 종합하여 설명하며, 도시 통합적 관점에서 도시를 이해하고 혁신할 때 성공할 수 있다. 도시의 성향을 세세히 파악한 후 문화예술 활동을 통해 도시 안팎의 사람들이 하나의 이미지, 도시 정체성으로 인식할 수 있도록 만들어야 한다. 세계 도시들이 도시 혁신을 위해 여러 시도를 하고 있지만 모두 성공하는 것은 아니다. 많은 자금을 투자하여 야심차게 프로젝트를 실시해도 도시에 따라서 쇠퇴의 길을 걷거나, 쇠퇴 직전의 상황에 놓이기도 한다.

리버풀 역시 그런 도시였다. 도시 혁신을 시도했지만 순조롭지 않았다. 처음에는 비틀즈의 오래된 명성을 활용하지 않다가 곧 문제를 인식하고 장소 중심 활동Place Centric Activity에서 사람 중심 활동People Centric Activity으로 문화예술 활동의 방향을 변경했다. 도시 혁신 과정에서 도시의 정체성을 규정지을 때 어떤 자원에 중심을 두느냐, 즉 도시의 성향과 정체성을 무엇으로 보는지에 따라 성패가 달라질 수 있다.

자원을 어떻게 발굴하고 활용하느냐에 도시 발전의 성공 여부가 달려 있다. 프로젝트가 시작되었다고 하더라도 기대한 만큼의 효과가 일어나지 않는다면 다시 돌아보고 점검해야 한다. 도시의 정체성과 고유성을 바탕으로 한 도시만의 창조성을 구축했는지, 도시의 스토리텔링의 서사를 잘 구현했는지를 말이다.

작은 실험으로 큰 변화를 이룬 도시

도시는 더 이상 정주형 공간이 아니다.
새로운 라이프 스타일에 맞는 유연한 변화와 함께
도시 각각의 개성을 찾아야 할 때이다.

전통적으로 도시는 대규모 건설과 같은 하드웨어 중심의 발전을 추구해 왔다. 그러나 현대 도시에서는 창의적 주체들을 연결하여 새로운 가치를 창출하는 창의도시로의 전환이 필요하다. 현대인의 라이프 스타일은 빠르게 변하고 있다. 그와 함께 도시의 기능도 달라졌다. KTX, SRT, GTX, UAM 등 교통의 발달은 지역 간의 이동성을 더욱 활발하게 만들었고,

유동적인 삶이 가능해졌다. 특정 지역에 정착하지 않고 다양한 지역을 경험하며 살아가는 노마드 라이프에 익숙한 세대가 등장했다.

도시는 더 이상 고정된 정주형 공간이 아니다. 이는 단순한 물리적 환경의 변화뿐만 아니라 정체성의 변화가 필요하다는 의미이다. 지역만의 콘텐츠와 생활양식을 반영한 도시의 정체성 재구성 속에 새로운 가능성이 생겨난다. 라이프 스타일의 변화는 도시가 고유의 정체성을 유지하면서도 다양한 변화를 수용할 수 있는 유연성을 갖추는 데 중요하게 고려해야 하는 요소다. 도시는 이런 변화를 반영하여 차별화된 지역 개발과 다양한 문화예술적 활동을 통해 더욱 풍부한 경험을 제공해야 한다.

새로운 시도가 새로운 도시를 만든다

불과 얼마 전까지만 하더라도 대전은 특별한 개성이 없는 도시로 사람들에게 인식되었다. 교통의 요지, 교육의 도시라고 학창 시절에 배우지만 가고 싶은 도시의 이미지는 아니었다. 그러나 이제 대전은 한 번쯤 찾아가고 싶은 도시가 되었다. 성심당이라는 베이커리 브랜드 때문이다. 대전에서만 영업을 하지만 전국에 수많은 지점을 갖고 있는 프렌차이즈 기업보다 더 수익이 높은 브랜드, 딸기 케이크 같은 시즌 상품이 출시될 때면 일부러 찾아가 몇 시간씩 줄을 서서 사는 충성 고객이 많은 빵집이다. 성심당은 대전이라는 도시의 스토리를 빵은 물론 전시와 책, 이벤트 등 다양한 콘텐츠로 새로운 경험을 제공하는 브랜드이기도 하다. 하나의 로컬 브랜드가 대전을 문화도시로 인식시키는 앵커 역할을 했다.

더 작은 시골 마을에도 비슷한 사례가 있다. 경북 칠곡군 왜관읍, 이름도 생소한 이곳은 서울에서 차로 3시간이 걸리는 한적한 동네다. 이 작은 시골 마을에 연간 8만 명이 방문하는 수제 햄버거집이 있다. 발음도 어려운 'ㅁㅁㅎㅅ(므므흐스라고 읽는다)'이다. ㅁㅁㅎㅅ는 농기계 경운기가 털털거리며 다니는 2차선 도로와 검은색 기와로 마감된 한옥들이 줄지어 있는 시골 마을에 '햄버거'라는 아이템 하나로 사람들을 불러 모은다. 가게 앞에는 늘 줄이 아주 길다. 대기 시간 동안 동네를 돌아보고 스탬프를 받아 오면 할인을 해 준다. 덩달아 이 지역의 유동인구가 크게 늘었다.

강원도 양양도 마찬가지다. 인구 소멸 지역으로 꼽혔던 양양이 서핑의 성지가 될 수 있었던 데는 '서피비치'라는 상점의 역할이 절대적이었다. 2015년 주식회사 라온서피리조트로 시작, 2017년 맥주 브랜드 코로나를 설립하며 사람들을 양양으로 불러 모았다. 특히 맥주 브랜드 코로나가 개최한 '코로나 선셋 페스티벌'은 단번에 양양을 핫플레이스로 바꾸는 계기가 되었다. 서피비치가 입소문을 타기 시작하면서 서퍼들이 모여들었고 서핑 관련 사업체와 협동조합도 잇달아 자리를 잡았다. 지금은 전국 서핑 인구의 45퍼센트가 양양을 방문하고 서핑 스쿨 40퍼센트가 양양 지역에 몰려 있다고 한다.

양양의 서피비치 사례는 문화예술 콘텐츠가 지역 경제를 활성화하는 데 얼마나 중요한 역할을 하는지 보여준다. 서피비치는 단순한 상점이 아닌, 젊은이들을 불러 모으는 문화적 중심지로 작용했다. 양양을 서핑의 성지로 변모시켰고, 관련 사업체와 협동조합의 발전을 촉진시켰다. 도시에 창의적이고 개성 있는 문화예술 요소가 얼마나 중요한지를 잘 보여 준다.

대전의 성심당, 칠곡군 왜관읍의 수제버거집 ㅁㅁㅎㅅ, 양양의 서피비치 같은 사례는 지역 고유의 매력으로 사람들을 불러 모으고, 그 지역을 대표하는 장소 중심의 활동Place Centric Activity을 통해 도시의 정체성을 강화한다. 이러한 창의적인 주체와 활동은 도시에 활력을 불어넣으며, 지역 사회에 확장되고 풍성한 문화 생태계를 만드는 기초가 된다.

작은 실험과 유연한 대응

사망자 수가 출생자 수보다 큰 인구의 '데드크로스'를 넘겼다. 인구 증가를 전제로 처음부터 큰 예산을 들여 고정적인 환경을 조성하는 대규모 개발보다는 적은 예산으로 유동적인 환경을 조성하고 활동해 보면서 앞으로의 방향을 결정하는 방식의 전술적인 작은 실험이 지금의 도시에는 더 적절하다. 이는 천천히 성장해 나가는 작은 도시계획 방법론인 택티컬 어바니즘Tactical Urbanism이다. 실행과 검증 속에 합의를 이뤄 나가는 방식으로, 피드백 과정을 끊임없이 거치며 양방 소통을 통해 도시 성장을 모색한다. 이러한 접근은 도시의 유연성을 강화하며, 커뮤니티가 중심이 되어 지역의 활력을 모색하고 창의적인 해결책을 찾는다.

문화예술적 콘텐츠는 도시에 새로운 생명을 불어넣고, 도시의 정체성을 강화하며, 지역 경제를 활성화하는 데 중요한 역할을 한다. 이러한 콘텐츠는 창의적 주체와 커뮤니티의 연결, 택티컬 어바니즘의 실험, 교통 발달과 노마드 라이프 스타일을 추구하는 세대의 요구를 반영하여 도시를 지속적으로 발전시키는 데 필수적이다. 앞으로 다양한 매력을 지닌 작은 도시들이 등장하여, 도시 혁신의 새로운 패러다임을 이끌어 나가야 한다.

대한민국에는 75개의 시를 포함한 기초자치단체 226개, 광역자치단체 17개, 총 243개의 지방자치단체가 있다. 243개의 도시는 모두 다른, 개성 있는 243개의 정체성을 가진 도시로 재탄생해야 한다. 각기 다른 매력을 지닌 도시들이 다양한 가능성을 실험하고, 끊임없이 변화하면서 성장해 나가는 모습은 도시 혁신의 핵심이다. 이는 단순히 인구 소멸 지역을 살리는 것에서 나아가, '다양성'과 '창의성' 측면에서 성장판이 열린 도시를 만드는 것을 의미한다. 민과 관의 긴밀한 협업 체계를 통해 도시가 유연하게 변화하고, 다양한 문화예술 콘텐츠를 통해 풍부한 경험을 제공하는 살기 좋은 도시로 발전하기를 기대한다.

에필로그

진정한 도시 혁신은 자기다움에서 시작된다

서울시가 원 모양의 대형 구조물 서울링을 랜드마크 삼아 만들겠다는 발표를 한 뒤 한동안 사람들 사이에서 의견이 쏟아졌다. 재미있는 아이디어라는 사람도 있었지만 '서울에 왜 링인가' 하는 의문을 품은 사람이 훨씬 많았다.

런던, 파리, 뉴욕, 시드니를 생각하면 자연스레 떠오르는 도시 랜드마크가 있다. 파리의 에펠탑, 런던 아이, 뉴욕 자유의 여신상, 시드니의 오페라하우스와 같은 상징적인 건축물을 돌아보면 진정한 도시 혁신은 단순한 복제를 넘어선다는 사실을 알 수 있다. 산업 혁명의 중심지에 세워진 에펠탑은 프랑스의 뛰어난 엔지니어링 능력과 프랑스 혁명 100주년을 기념하는 상징물이었다. 밀레니엄을 기념하는 런던 아이는 역사적인 도시에 대한 새로운 관점을 제시하며 단순한 놀이기구를 도시의 아이콘으로 탈바꿈시켰다. 도시 랜드마크는 단순히 시각적 매력만으로 만들 수 없다. 사회 발전과 문화적 정체성의 궤적을 반영, 지역 문화, 역사, 사회적 열망을 자양분으로 생겨난 결과물이다.

서울은 런던이 아니다. 그 시대에 그 도시에 맞는 랜드마크가 있다. 런던 아이를 연상시키는 서울링에 많은 사람들이 기대보다 '왜?'라는 의문을 품은 이유다. 도시 재생 분야에서 서울 고유의 정체성과 유산을 활용하여 국민과 세계인이 공감할 수 있는 랜드마크를 만들어야 한다고 생각한다. 도시 랜드마크에도 진정성이 필요하다. 단순히 웅장한 구조물이 아니라 주변 환경의 본질과 지역 사회의 영혼이 깃들어 있어야 한다.

한때 신발 공장으로 유명한 공업 지역이었던 서울의 성수동은 창조적 접근으로 힙플레이스로 변신, 창의성이 가진 변화의 힘을 보여 주는 도시 공간이다. 신발 공장들이 하나둘 문을 닫으며 활기를 잃었던 성수동은 다양한 예술가와 창업가, 젊은 직장인들이 모여들며 생명력 넘치는 창작 지역으로 재탄생했다. 붉은 벽돌로 지어진 빈 공장을 허물지 않고 리모델링했다. 그 안에 장인 정신이 깃든 카페, 부티크 상점, 문화 공간이 자리를 잡았고 예술 설치물, 팝업 마켓, 문화 행사를 언제나 즐길 수 있게 되었다. 역사와 현대의 창의성이 자연스럽게 어우러진 역동적인 도시 공간으로 탈바꿈했다.

전 국민이 제주도 앓이를 하게 만든 몰입형 체험 '제주도에서 한 달 살기'는 새로운 형태의 일상을 계획하게 하였다. 한 달 동안 제주도에 살도록 초대하는 이니셔티브는 도시 재생에서 체험 관광의 잠재력을 보여준 사례다. 지역 미술관 탐방부터 전통 공예품 배우기까지 다양한 활동을 통해 방문객과 지역 문화 사이에 깊은 유대감을 형성할 수도 있다. 이러한 몰입형 체험은 관광을 활성화할 뿐만 아니라 문화에 대한 이해와 보존을 강화하기도 한다. 도시 혁신이 어떻게 의미 있고 문화적으로 풍요로운 경험을 창출하여 전 세계의 관심을 끌 수 있는지를 보여 준다.

제주도 한 달 살기 프로그램, 성수동 연무장 등의 사례는 도시 재생에 있어 문화예술이 가진 긍정적인 점이 무엇인지 깨닫게 만든다. 지방 도시의 경우 문화 활성화의 잠재력은 무궁무진하다. 지역의 전통, 아름다운 자연, 공동체 정신을 활용하면 방문객과 주민 모두를 끌어들이는 활기찬 문화 중심지가 될 수 있다. 예술가 레지던시, 문화 축제, 유산 보존 프로젝트와 같은 이니셔티브는 지역사회에 새로운 활기를 불어넣고 자부심과 정체성을 키울 수 있다.

우리나라 도시들도 차별적인 매력을 강조하면 충분히 글로벌 도시들과 경쟁에서 앞서갈 수 있다. 다만 문화예술을 통한 도시 혁신을 촉진하기 위해서는 몇 가지 고려해야 할 사항들이 있다.

첫째, 지역사회의 참여가 꼭 필요하다. 도시 프로젝트의 계획과 실행에 지역사회의 적극적인 참여는 개발이 주민들의 공감을 얻고 지역 전통을 보존할 수 있도록 보장한다. 이러한 참여 방식은 주민들에게 주인 의식과 자부심을 심어 준다.

둘째, 지속 가능한 공공 행정을 만들어야 한다. 도시 개발에서 지속 가능성은 아무리 강조해도 부족함이 없다. 녹지 공간을 통합하고, 친환경적인 공공 행정을 장려하며, 자연 경관을 보존하는 것은 주민의 복지와 환경에 기여하기 때문이다.

셋째, 문화 보존이 이뤄져야 한다. 현대화와 문화유산 보존의 균형을 맞추는 것은 매우 중요하다. 유적지를 보호하고 새로운 개발에 전통적인 요소를 통합하여 도시 공간이 고유한 정체성과 역사적 중요성을 유지할 수 있도록 해야 한다.

넷째, 혁신적인 디자인이 필요하다. 첨단 기술과 혁신적인 디자인을 활용하면 스마트하고 기능적이며 미적으로도 만족스러운 도시 공간을 만들 수 있다. 디지털 아트, 인터랙티브 설치물, 스마트 인프라를 사용하면 도시 경험을 향상시킬 수 있다.

다섯째, 포용적인 공간을 갖춰야 한다. 노인, 장애인 등 자칫 소외되기 쉬운 지역사회의 모든 인구 집단이 접근 가능하도록 포용적인 도시 공간을 조성하면 도시가 따뜻해진다.

여섯째, 문화예술 프로그램은 선택이 아닌 필수다. 정기적인 문화 행사, 축제, 미술 전시회는 도시 공간에 활기를 불어넣어 방문객을 유치하고 활기찬 문화 현장을 조성할 수 있다. 이러한 활동은 역동적인 도시 분위기를 조성하고 문화 교류를 촉진한다.

도시 혁신에 참여하는 사람이라면 이러한 사항들을 꾸준히 챙기며 균형을 이루도록 해야 한다. 그러기 위해서는 한눈에 파악해 통합적으로 사고할 수 있어야 한다. 이를 가능하게 하는 도구가 책 속에서 성공 도시 사례 분석에 적용했던 '도시 혁신 다이아몬드 프레임워크'이다.

이 책에서 여러 도시 사례를 반복해서 살펴보고 분석했던 이유는 도시 혁신의 필수 요소와 핵심 유형을 제대로 이해하고 우리 도시들에 적용했으면 하는 바람 때문이었다. 내가 살고 있는 도시에 변화가 필요하고, 지속 가능한 혁신을 꿈꾸고 있다면 도시 혁신 다이아몬드 프레임워크를 활용해 강조할 부분은 무엇인지, 아직 채워지지 못한 부분은 무엇인지 점검해 보길 권한다. 분명 이전과 다른 시선으로 도시를 보고 새로운 길을 찾게 될 것이다.

한국의 도시가 혁신을 이뤄 세계 무대에서 두각을 나타내려면 문화유산과 예술적 표현에 깊이에서 출발해야 한다고 믿는다. 도시 재생 프로젝트에 문화와 예술을 접목하면 도시 공간의 미적, 기능적 가치를 향상시킬 뿐만 아니라 지역 사회와 그 안에서 살아가는 사람들과 더 깊은 유대감을 형성할 수 있다. 혁신을 거듭하면서 지속 가능한 개발, 지역 사회 참여, 문화 보존을 우선시하여 활기차고 포용적이며 한국 고유의 도시 공간을 만들어야 한다.

예술과 문화를 통한 도시 혁신은 단순히 물리적 공간을 만드는 것이 아니라 경계를 초월하여 소속감, 창의성, 유대감을 조성하고 사람들이 자기 표현을 활발히 펼쳐 낼 수 있는 여건을 제공하는 과정이다. 미래를 바라보며 이러한 비전을 수용하고 경제적으로 번영할 뿐만 아니라 문화적으로 활기차고 포용력 있는 도시를 만들기 위해 모두 함께 노력해야 한다.

이 책이 나오기까지 많은 분들이 힘을 모으고 노력했다. 감사의 마음을 글로 전하고자 한다. 논문을 지도해 주시고, 책 출간 과정에서도 필요한 내용을 지속적으로 확인해 주신 김용진 교수님께 깊은 감사를 드린다. 더불어 나의 논문이 책으로 세상에 나오게 해 준 헤이북스 윤미경 대표님께 감사의 말을 전한다. 대표님의 추진력은 출판이라고 하는 낯선 작업에서 든든한 길잡이가 되어 주었다. 책의 내용이 독자에게 잘 전해지도록 애써 준 편집자와 디자이너에게도 감사 인사를 하고 싶다. 헤이북스에서 첫 책을 출간하고, 이 분들과 함께하게 된 일은 행운이다. 더불어 오랜 시간 동안 전시회와 공연장에 동행해 주고, 나의 토론 상대가 되어 준 가장 가까운 친구인 남편, 그리고 우리 아들들에게도 고마움을 전하고 싶다.

마지막으로 도시 혁신에 관심을 갖고 이 책을 읽어 준 독자에게도 진심어린 감사의 마음을 전하고 싶다. 오래된 것을 낡았다고 버리지 않고 새로운 가치를 더하고 생명력을 불어넣고자 하는 마음으로 이 책을 펼치지 않았을까 짐작한다. 그 마음에서 이미 변화는 시작되었다고 믿는다. 자기다움을 잃지 말고 앞으로 한발 나아가는 데 이 책이 미약하나마 도움이 되었다면 좋겠다.

사랑받는 도시의 선택

자기다움으로 혁신에 성공한 세계의 도시

펴낸날 1판 1쇄 2024년 7월 31일

지은이 최현희
펴낸이 윤미경

펴낸곳 (주)헤이북스
출판등록 제2014-000031호
주소 경기도 성남시 분당구 황새울로 234, 607호
전화 031-603-6166
팩스 031-624-4284
이메일 heybooksblog@naver.com

책임편집 장혜원
디자인 류지혜
찍은곳 한영문화사

ISBN 979-11-88366-89-7 03300